New common sense of the move that TikTok has changed

SHORTMOVIE MARKETING

ショートムービー・
マーケティング

TikTokが変えた
打ち手の新常識

株式会社TORIHADA COO
PPP STUDIO株式会社 CEO

若井映亮

INTRODUCTION

TikTokと聞いてどんな印象を抱きますか？

　僕が取締役COO（最高執行責任者）を務める株式会社TORIHADA（トリハダ）は、2018年初頭からTikTok（ティックトック）マーケティングを始めました。

　当時のTikTokは、リップシンク（口パク）と呼ばれる音楽に合わせた自撮りや、ダンスのコンテンツが主流の若者向けメディアでした。そのため、「TikTokって若者のメディアでしょ？　マーケティングに使えるの？」と言われることもあり、一部のアーリーアダプター層（新しい商品やサービスを早い段階から使う人）のみがマーケティングでの活用を模索している状態でした。

　それが今ではどうでしょう。さまざまなコンテンツが生まれ、幅広い年齢層のユーザーが使う巨大メディアに変貌を遂げています。
　グローバルでは、2020年、2021年と最もダウンロードされたアプリとなり、Facebook（フェイスブック）社以外のアプリで初めて30億ダウンロードを突破し、MAU（Monthly Active User：月間アクティブユーザー数）は10億人を突破しました。
　アプリの市場データや分析ツールを提供するApp Annie（アップアニー）によると、日本での平均利用時間も主要SNSの中でトップ

になっています。

　また、TikTokで話題になった商品が棚から消える「TikTok売れ」といった現象が『日経トレンディ』2021年ヒット商品の第1位になるほど話題になったり、TikTokを見て購入した商品をレビューしたことを示すハッシュタグ「#tiktokmademebuyit」がつけられた動画は延べ58億回再生に至るなど、TikTokは消費者の購買活動に影響を与えることが分かっています。

　さらに、TikTokによって浸透したコンテンツフォーマットであるショートムービーは、Instagram（インスタグラム）ではReels（リール）として、YouTube（ユーチューブ）ではShorts（ショート）として展開され、特に注力されていくことが発表されています。
　これまで、SNSをマーケティングに活用するためには、短尺動画、長尺動画、写真というように、メディアに合わせてクリエイティブを作らなければいけませんでしたが、今後はショートムービーがあれば、マルチメディアに広告キャンペーンや自社アカウントを展開できるようになったのです。

　まさに、ショートムービーを制すものがマーケティングを制す、大ショートムービー・マーケティング時代だと考えています。

急速なショートムービーの台頭に
ついていくことの難しさ

　「TikTokをマーケティングに活用したい」

「TikTokでバズを起こしたい」
「ShortsをYouTubeアカウントに活かしたい」

　こういったご相談が日を追うごとに増えており、大変ありがたいことに会社も拡大の一途を辿っています。

　とはいえ、たくさんご相談いただくことを裏返せば、まだまだショートムービー・プラットフォームの活用方法が市場に浸透していないということです。模索するどころか、始めてさえいない企業も多いのではないでしょうか。

　そうした背景もあり、本書は、皆様がショートムービー・マーケティングを検討し、始めるためのヒントに少しでもなればという思いから執筆を決めました。
　第1章では、なぜ今、SNSマーケティングの中でもショートムービーで攻めるべきなのか、歴史を振り返りながら時系列的に紹介します。
　第2章では、インフルエンサーと組む際のメリットや注意点を洗い出しました。
　第3章では、TikTok、Reels、Shortsなど巨大市場になりつつあるショートムービーそのものに迫りたいと思います。
　第4章では、実際にどういった打ち手があり、どんな広告効果が得られるのかを、実例とともに紹介します。また、TikTokでマーケティングをやられているatmospink（アトモスピンク）の工藤朱里さんと対談し、生の声をお聞きします。
　第5章では、翻ってTikTokを自社アカウントとして運用していく際のフォロワーの増やし方や、どんな動画が拡散に効果的なのかを紹

介します。人気TikTokクリエイターとなったハウスダストさんにも
ご協力いただいて、どういったブランディングをされてきたのか伺い
ます。

　最後の第6章では、ショートムービーが今後どんな未来を創ってい
くのか、こちらは今の流れをくみ取りながら僕の想像も含めて描いて
みたいと思います。

　TikTokをはじめとするショートムービー・プラットフォームのア
ルゴリズムから、具体的な活用方法、ショートムービーが創る未来の
可能性まで、可能な限り網羅的に整理しています。

　2点ご留意いただきたい点として、TikTokを運営されている
ByteDance（バイトダンス）社公式の書籍ではないこと、流れの速
い業界のため、すぐに改定する必要に迫られる可能性の高いことは先
にお断りしておきます。

　とはいえ、まだまだ黎明期の潜在的にとても巨大なマーケットです
ので、あくまでも本書はきっかけとして、これからぜひ一緒によりよ
い活用方法を模索し、市場を盛り上げていきましょう。

　本書が皆様のマーケティング活動の一助となれば幸いです。

[目 次]　CONTENTS

ショートムービー・マーケティング
TikTok が変えた打ち手の新常識

第 0 章　TikTokに活路を見いだせ！

第 1 章　個人情報保護法改正による マーケティング・シフト

第 **2** 章　インフルエンサー
　　　　　マーケティングの実情に迫る

第 **3** 章　急拡大中の
　　　　　ショートムービー市場に迫る

第 章　TikTokから生まれる
高い広告効果

Column
TikTok重視！ アパレルのSNS戦略
対談：工藤朱里（atmos pinkバイヤー）× 若井映亮

第 **5** 章 アカウント運用を成功に導く
秘訣

Column
フォロワー0人からアカウントが急成長！
対談：ハウスダスト（TikTokクリエイター）× 若井映亮

第 **6** 章　ショートムービーが
　　　　　　もたらす未来

SHORTMOVIE
MARKETING

第 0 章

TikTokに
活路を見いだせ!

● ネット広告の知識でダンスミュージック業界に貢献

　本題に入る前に、TikTokのマーケティング活用につながる僕の原体験をお話ししたいと思います。

　僕自身もTORIHADAもまだまだ無名ですので、「なんでこんな会社がショートムービー・マーケティングを語るの？」という疑問を持たれる方々に向けて、TikTokに注力するようになった経緯から紹介した方がいいと考えたためです。

　そんなことよりも、いきなりショートムービー・プラットフォームの解説やマーケティング活用事例を知りたいという方は、第2章以降からお読みください（第1章はマーケティング初心者の方向けに、Webマーケティング全体をおさらい的に俯瞰し、なぜ今、ショートムービー・マーケティングが必須なのかに触れます）。

　今から約10年前、ダンスミュージックが大好きだった僕は、大学に通いながら、毎週木曜日と金曜日にDJをしていました。

　日本でもトップクラスにお客様を動員する都内のナイトクラブ（DJが流すダンスミュージックに合わせて踊ったり、お酒を飲んだりする場所）で活動できることに誇りを持ち、一生DJとして生きていくと思っていたのです。

　クラブというと、なぜかちょっとした不良のイメージがあり、僕自身、この業界に入るのが少し怖かったのですが、入ってみれば、お客様は喜んでくれるし、DJするのは楽しいし、すごくよい職業だと感じました。

　ただ、海外でDJといえばセレブの職業の1つのはずが、日本では

ほとんどのDJが生計すら立てられないことが疑問でした。

　そんな矢先、風俗営業法の違反を理由に、そのクラブは営業停止に追い込まれることになりました。

　当時ナイトクラブは風俗店扱いで、深夜営業が認められていませんでした。そのため、深夜はどこも闇営業をしているのが実態だったのです（今では特定遊興飲食店として深夜営業が認められています）。僕はそんなことは露知らず、大きなショックを受けました。

　海外ではカラオケよりも一般的なカルチャーであるナイトクラブが、日本では法律で規制されていたのです。せっかく日本のDJがダンスミュージックを作っても、聞いてもらう環境が否定されているのであれば、文化として浸透せず、日本のDJが生計を立てづらいのは当然な気がしました。

　その原体験から、DJという職業でも生計を立てられる社会になるよう貢献したいという思いで、ご縁があって株式会社サイバーエージェントに入社し、「**インターネットならダンスミュージックを広められるんじゃないか**」とインターネット広告を学びます。

　そしてついに、2017年に風営法が改正され、ナイトクラブをはじめとする特定遊興飲食店の深夜営業が晴れて認められることになりました。

　それをきっかけに、サイバーエージェントを退職し、同社で学んだインターネット広告を武器に音楽業界、特にダンスミュージック業界に貢献しようと思い立ちました。

● TikTokほど音楽が拡散されていくメディアはない

　退職したのはいいものの、音楽マーケティングに使えるインターネット広告やメディアは思い当たりませんでした。

　予算度外視のプロモーションを除いて、FacebookやInstagram、Twitter（ツイッター）で広告を出して音楽をプロモーションしようにも、**獲得コストが合わず、一般消費財に広告のオークションでどうしても勝つことができない**のです。

　2016年からSpotify（スポティファイ）が日本に上陸し、ストリーミングアプリ（音楽アプリ）が一般化してきていたものの、**ストリーミングアプリ上では、あくまでも社会で話題になったり知られたりした楽曲が検索・視聴されます。**その後レコメンドされる音楽もプラットフォーム上でよく聴かれている音楽から選ばれるため、よっぽどの力がない限り、無名なアーティストが楽曲を発信して、いきなりたくさん聴かれるといったことは稀でした。

　そんな矢先、ついにTikTokが登場します。

　2017年にリリースされた当時は、先述の通り音楽に合わせて踊るコンテンツが一般的でした。ただ、その音楽の広がり方がそれまでのSNSとは違ったのです。

　TikTokの特徴としてmeme（ミーム）と呼ばれる二次拡散があります。memeとは、人から人へと、ちょっとしたオリジナリティを加えつつ、模倣して広がっていく行動のことです。

　つまり、**誰かが音楽に乗せてコンテンツを発信すると、誰かが真似**

をし、それを見た誰かがまた真似するといった形で、どんどん波及していくのです。

　そのため、TikTokで爆発的に広がった楽曲は──TikTok登場前ではありえなかったことですが──それが数年前にリリースされた楽曲であってもストリーミングアプリの上位を獲得する事態になったのです。

　その一連の流れを間近で感じ、「たとえ無名な音楽でも一気にプロモーションできる初めてのインターネットメディアだ」と強く信じるようになりました。

　そして、僕たち自身でもいくつか仕掛け、ヒットの手応えを得たのでした。

memeの拡散の仕方

Aさん　　　　　　　Bさん　　　　　　　Cさん

曲に乗せてアップされた　　それを見た人が再度　　またそれを見た人が
動画を真似て配信　　　　　真似て配信　　　　　　真似て配信

芋づる式に同じような動画がアップされて拡散していく

▶ 誰も手をつけていなかったTikTokマーケティング に日本でいち早く参入

その頃になると、ダンス以外の動画も徐々に増え、それに合わせて一般消費財や食品までも、TikTokで大きく話題化されるようになりました。

ユーザーの中から自然発生的に話題になるものもあれば、TikTok広告を活用する事例もあり、**これからもっとユーザーが増えることを踏まえるとかなりのポテンシャルを秘めている**と感じるには十分すぎるほどの事例数でした。

それにもかかわらず、ほとんどの企業が「TikTokって若い子がダンスを踊るメディアでしょ？」と言わんばかりに、TikTokには目を向けていなかったのです。

また、僕たちTORIHADAは、2017年の10月に資本金50万円で創業した弱小ベンチャーでした。

「鳥肌が立つ感動を作る」、そして作れる人を応援すると大層なことを言いながら、実際には生き残るために必死に映像制作やイベント制作の受託を行っていました。

それと同時に、自社独自の強みや得意領域を作らなければ生き残れないと痛感していました。

そのため、**ポテンシャルが大きいわりに、向き合っている企業の少ないTikTok広告に活路を見いだし、TikTokを活用したマーケティ**

ングに本格的にチャレンジしていくことにしたのです。

　それから約3年、TikTokはさまざまなコンテンツを擁し、世界で最も見られる動画プラットフォームとして君臨することになりました。

▶ マーケティング事例は音楽から他ジャンルへ普及

　僕たちTORIHADAは、TikTokが日本に進出してからずっとTikTokマーケティングを行ってきました。それにより、**国内でも有数の事例を生み出すことができた**と自負としています。

　初めは、音楽マーケティングにおける利用から僕たちのTikTok活用は始まりましたが、今では、コスメ・ビューティジャンルの商品から、ゲームや食品・飲料までさまざまな企業のマーケティングを支援させていただいています。

　何よりも、実際、企業の担当者から「売上につながった」といったお声をいただけることも増えてきました。

　また、TORIHADAの子会社で、PPP STUDIO（ピピピスタジオ）株式会社というMCN（マルチチャンネルネットワーク：さまざまなデジタルクリエイターのコンサルや育成を行い、案件の営業や進行などクリエイター活動のサポートを行う事業体のこと）も設立しました。TikTokの公認MCNとして、国内最大規模のネットワークとなっています。

　そして今では、TikTokの枠を超えて広がったショートムービーと

いうキーワードで、オムニチャネル化を進め、企業やクリエイターが、「TikTok」「Instagram Reels」「YouTube Shorts」などのショートムービー・プラットフォームをいかに利用するべきか、日々模索しています。

そのため、**企業によるマーケティング活用、個人クリエイターによる発信活動の両面から、TikTokやショートムービー・プラットフォームのポテンシャルや活用方法を語る**ことができる数少ない会社だと考えています。

本書では、僕たちの経験や事例を踏まえて、ショートムービー・プラットフォームのマーケティング活用について、可能な限り包み隠さずお伝えしたいと思います。

第 0 章 の ま と め

- TikTokはリリース直後から、音楽業界に圧倒的な影響力を持つネットメディアとなった
- 今では、TikTokは音楽に限らず、さまざまな商品のマーケティングに活用され、何より売上につながっている
- TikTokは世界で最も見られる動画プラットフォームとなった
- TORIHADAはTikTokが日本に進出してからずっと、TikTokマーケティングやクリエイターのTikTokにおける発信をサポートしてきた

SHORTMOVIE
MARKETING

第 1 章

個 人 情 報 保 護 法 改 正 に よ る

マ ー ケ テ ィ ン グ ・ シ フ ト

▶ 名実ともに大インターネット広告時代へ

　2020年3月、日本の広告市場における大きな転換点とも言えるデータが発表されました。

　電通が1947年から毎年発表している「日本の広告費」。その中でインターネット広告費が初めて2兆円を超え、長きにわたってトップに君臨していたテレビメディア広告費を抜いたのです。

　さらに、2020年はコロナ禍の影響もあって日本の総広告費が9年ぶりのマイナス成長となる中、**インターネット広告費は増加し、前年比109.5％の2兆2,290億円を記録。これはマスコミ4媒体（テレビ・新聞・雑誌・ラジオ）の2兆2,536億円にほぼ匹敵する数字**と言えます。

　2010年時点では、インターネット広告費とテレビメディア広告費にはおよそ1兆円の開きがありました。しかし、その後インターネット広告費は急激な成長を見せ、わずか10年でその差をなくしたのです。

　その背景には、やはりスマートフォンをはじめとしたデバイスの普及により、消費者の情報収集行動がインターネット中心に変わったことが挙げられるでしょう。その結果、多くの企業がテレビの広告費を減らし、インターネット広告をはじめとするWebマーケティングに注力するようになったのです。

　初めてインターネットが普及してからおよそ25年、感覚的な予測として語られていたことが、数字が証明する事実になりました。

▶「個人情報を守る」が世界的な動きに発展

そんなインターネット広告時代ですが、全世界的に個人情報を守る動きが出ています。

いわゆるGAFA（Google、Apple、Facebook、Amazon）と呼ばれる巨大IT企業、そしてその4社をはじめとするデジタルプラットフォーム事業者の多くは、サービスの中で収集した個人情報をマネタイズすることで成功したビジネスモデルと言えます。**デジタルプラットフォーム事業者は、ユーザーの個人データを収集・活用することで自身のサービスクオリティやユーザビリティを向上させることができます。**

例えば、ユーザーの検索履歴を蓄積しておくことで、そのユーザーにとって興味や関心のある情報を提供しやすくなるほか、購入履歴を蓄積しておけば、その商品の新アイテムが出たら、過去に購入したことがある人に向けた広告も配信できます。

ただ、ユーザーにとっては、知らないところで自分の個人データが蓄積され、勝手に利用されていると考えたら不安に思う人もいるでしょう。実際、企業が大量の個人情報を流出させてしまうこともあり、その都度大きな問題になっています。

そうした背景があり、**一部の企業が大量の個人データを保有することで市場をコントロールしかねないとして、個人データの収集を規制する動きが世界で起こっています。**
ドイツでは、2019年2月に連邦カルテル庁がFacebookの個人デー

タ収集が市場の支配的地位の濫用に当たるとして、Facebook以外の第三者からの個人データ収集の禁止を命じました。

また、フランスでも、2019年1月に個人データの監督機関であるCNILがGoogleに対して、広告の透明性の欠如などを理由に5,000万ユーロの制裁金を科しました。これは、Googleのプライバシーポリシーを確認するには5〜6回、Webページを遷移しなければならず、個人データ利用の同意に関しても不十分だったと判断されたのです。

直近では、2021年7月にルクセンブルクのプライバシー規制当局がAmazonに対して7億4,600万ユーロの制裁金を決定。理由はEUの個人データ保護規則（GDPR）の違反によるものです。

その流れの中で、**日本でも2020年に個人情報保護法が改正され、インターネット広告も大きな変化を余儀なくされています。**

この章ではまず、Webマーケティングが始まってからどのような変遷を辿ったのかを紹介し、個人情報保護法でどのようにインターネット広告が変わるのかを考えてみたいと思います。

▶ そもそもWebマーケティングとは何か

そもそもWebマーケティングとは、Webを中心に行われるマーケティング全般のことで、これが拡大したためにインターネット広告時代になったわけです。

インターネット上で広告を展開するものや、自社が運営するWebサイトの集客を促進するための施策などがありますが、代表的な例を

挙げれば──知っている方も多いと思いますが──SEO対策は有名
です。

　SEOとは「Search Engine Optimization」の略称で、日本語
にすると「検索エンジン最適化」のこと。Web上で何か調べ物をす
るとき、多くの人はGoogleやYahoo!（ヤフー）などの検索サイト
を利用すると思いますが、そのとき、自社のサイトが検索結果の上位
に来るように対策することを指します。

　また、インターネット上で展開される広告にはいくつか種類があり、
ここではおさらい的に代表的なものを紹介します。

　まず、**ニュースサイトなどの多くの人に見られるサイトがあらかじ
め設定した枠に広告が表示される**「ディスプレイ広告」。これはバナー
で表示されることが多いためバナー広告とも呼ばれています。

　中でも、**一度サイトを訪れたことのあるユーザーに向けて広告を配
信する**「リターゲティング広告」は特に獲得効率がよい人気手法です。

　例えば、ショッピングサイトでスニーカーを見てから他のサイトに
行ったとき、移動先のサイトの広告にさっき見たスニーカーが表示さ
れていることはありませんか？　それがリターゲティング広告による
もので、購入を検討している人に向けて広告を発信できるため、より
高い購入率が見込める広告施策です。

　次に、**GoogleやYahoo!などの検索サイトにおいて、検索結果
に連動して表示される**「リスティング広告」。

　これは、自社の商品やサービスを検索されやすいキーワードと結び
つけておくことで、そのキーワードで検索したユーザーの検索結果に

広告が表示されるものです。もともと興味や関心を持っているユーザーに向けて広告が打てるため、購入や検討といったアクションにつながりやすいメリットがあります。

　3つ目として挙げるのはタイアップ広告（記事広告）です。
　これは広告が掲載されるサイトのフォーマットに沿って作られる広告のことで、例えばニュースサイトならニュース記事のような形式、SNSなら投稿といった形で広告が表示されます。
　このタイアップ広告のメリットは、そのサイトのコンテンツに近い内容になるため広告感が薄れ、ユーザーに読んでもらったり、見てもらったりされる可能性が高くなることです。ただ、あくまでも広告なので、ユーザーが実際のコンテンツと勘違いしないように「PR」や「広告」という表示が義務付けられています。

３つのWeb広告

ディスプレイ広告

サイトにあらかじめ設定された広告枠。一度サイトを訪れたことのあるユーザーに向けて配信する「リターゲティング広告」がよく使われている。

リスティング広告

検索サイトで、検索結果に連動して関連性の高い広告を上に表示させる方法。

タイアップ広告

ニュースやSNSの記事のような体裁で広告を発信すること。より広告感が薄れ、ユーザーの抵抗感が薄れる。

話をWebマーケティングに戻しましょう。

SEO対策やインターネット広告のほかに、近年増えているのがオウンドメディアを活用したマーケティングです。

オウンドメディアとは、広義では「自社が保有するメディア」のことですが、Webマーケティングの中では、企業がユーザーに向けてさまざまな情報を発信するコンテンツメディアを指すのが一般的です。

先ほど説明したインターネット広告はお金を払って広告を掲載させてもらうのに対し、**オウンドメディアは自社のメディアのため広告料を一切かけることなくいろいろな情報を発信することができる**メリットがあります。

ただ、大変なのは、自社で一からコンテンツを作り上げること。当然、メディアとしてのクオリティが低ければユーザーは集まりませんし、コンテンツの量も常に拡充しておかないと、SEO上の検索結果の上位に来ることもありません。

それでも、それらのハードルさえクリアできれば**コアなファンを獲得でき、さらに、そうしたファンとインタラクティブなコミュニケーションを介し、そのデータをもとに商品開発や市場調査といったマーケティングに活かすことも可能です。**

▶ 広告に欠かせないアドネットワークという存在

そもそも世界で初めてバナー広告が掲載されたのは1994年、オンライン雑誌『Hottwired.com』にアメリカ最大手の電話会社AT&T社が出稿したのが始まりでした。

その後、日本でも1996年にソフトバンク株式会社とアメリカのヤフー・コーポレーションが共同でヤフー株式会社を設立し、バナー広告のサービスを開始。当時、バナー広告は純広告や予約型広告と呼ばれ、3日間で100万円や、1週間で200〜300万円といった価格設定で、街に掲示される看板に近いような感覚で販売されていました。

また、同じく1996年には、アメリカのアマゾンドットコムがアフィリエイトプログラムを開始させ、アフィリエイト広告が誕生します。

このアフィリエイト広告とは、Yahoo! のような巨大メディアではなく、ブログなど個人のサイトにバナー広告やテキスト広告を掲載し、そのリンクを経由して広告主のサイトで商品が購入されたり、会員登録されたりすると売上の一部が報酬として支払われるタイプの広告です。

このアフィリエイト広告は、自分のサイトを持っていれば誰でもでき、広告主も商品が売れたり、会員登録されたりしたら報酬を支払うシステムなので無駄な予算がかからないことから一気に広まっていきました。

そして、**個人メディアが広まったことで1つの新たな概念が生まれました。それがアドネットワークです。**

これはYahoo!のような巨大メディアに数日間のみ広告を掲載するのではなく、アドネットワークが提携しているさまざまなWebメディアに広告を配信していくサービスです。

通常、広告主から依頼を受けた広告代理店が広告を出稿する媒体を探すものですが、その本数を考えたとき、1つ1つのブログに連絡して交渉するのは現実的に不可能です。そこでブログなど複数のWebサイトを1つにまとめ、それらの総合窓口のような存在としてアド

ネットワークが生まれました。

　その後、今度はいろいろなアドネットワークが誕生し、それらを束ねる存在も出てきました。

　広告主としては、効果の高いアドネットワークを選びたいと考えるのは自然のことですし、メディア側としても、より稼げるアドネットワークに登録したいと考えるでしょう。しかし、ブログメディアの数が増えすぎたのと同様、今度はアドネットワークが増えすぎて、その中から最適なものを見つけるのが困難になってしまいました。

　そこで生まれたものが、DSPやSSPと呼ばれるサービスです。

アドネットワークの仕組み

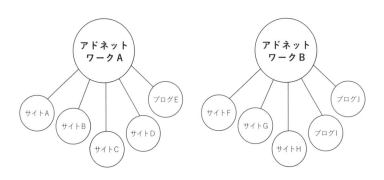

各サイトやブログではなく、それをまとめるアドネットワークに依頼して広告を拡散できる仕組み

● 費用対効果を高める「DSP」「SSP」とは何か

DSPとは「Demand Side Platform」の略称で、広告主や広告代理店に向けたプラットフォームです。

これを使うことで、いろいろなアドネットワークを一括管理できるだけでなく、広告を出稿する際にターゲットや予算を設定すれば、DSPができるだけ低い出稿金額でより効果が得られる広告配信を行ってくれます。

一方、SSPとは「Supply Side Platform」の略称で、こちらは広告を掲載するメディア側のプラットフォームです。

広告には季節要因などたくさんの人に見られるタイミングがあり、就職活動が活発になる時期ならリクルート系に強いアドネットワークを利用し、外食の機会が増えるタイミングなら飲食に強いアドネットワークを使うなど、広告の収益を最大限に上げるにはいくつものアドネットワークを切り替える必要があります。

また、もし1つのアドネットワークに依存していたら、そのアドネットワークのサーバーがダウンしてしまうと広告が配信されず、機会喪失の危険性があります。それを避けるためにも複数のアドネットワークを利用することは重要で、その切り替えをSSPが行ってくれます。

このDSPとSSPは対の関係ですが、2つが連携することで広告主とメディア側双方が広告における費用対効果を高めることができます。

そして、DSPとSSPによる取引のことをRTB（Real Time Bidding）と呼び、およそ0.1秒のうちに次のようなやりとりが行われています。

①ユーザーが広告枠のあるサイトを閲覧する
②ユーザー属性（性別、年齢、興味、行動履歴など）をもとに、SSPに広告をリクエスト
③SSPが複数のDSPにどのような広告を配信するか決定するオークションを行うようにリクエスト
④各DSPから入札結果がSSPに届く
⑤オークションの結果から最高額をつけたDSPの情報がサイトに送られる
⑥サイトが落札したDSPに広告配信のリクエスト
⑦DSPがサイトに広告を配信

アドネットワーク、そしてDSPやSSPの登場によってインターネット広告の配信管理が容易になり、その市場はさらに拡大しました。
　そして、同時に注目を集めたのが、DSPとSSPの精度をより高めるDMP（Data Management Platform）と呼ばれるプラットフォームです。

　DMPとはインターネット上にあるさまざまなユーザーのデータを管理・分析し、蓄積したデータをDSPやSSPに提供するプラットフォームです。このデータを活用することで、より細かなユーザー情報をもとに広告が配信できるようになり、自ずとコンバージョン率も上がります。

このDSP、SSP、DMPの説明に見られたような、データを活用した広告配信がインターネット広告におけるここ10年くらいのトレンドですが、近年のAIの進化が広告効果向上を後押ししました。

▶ 低予算で正確なデータを取ることが可能に

本章の冒頭でインターネット広告費がテレビメディア広告費を抜いたと紹介しましたが、多くの企業が注力するWebマーケティングにはどれほどのメリットがあるのでしょうか。

第一に挙げられるのが、少ない予算で全世界に配信できることです。例えば、全国で売られている大手新聞に広告を出稿するには多額の予算が必要ですが、インターネット広告なら、それよりも少ない予算で日本はもとより世界中の人に届けることができます。

さらに、広告運用・検証のスピード感も他メディアと比べものにならないくらい速く、仮に反応がイマイチだった場合、すぐに軌道修正を行うことも可能です。

そして、リスティング広告やリターゲティング広告、DSP、SSPなどで説明した通り、**ターゲットを絞りやすいのも大きなメリットと言える**でしょう。

リスティング広告やリターゲティング広告はもともと興味がある人向けに広告が配信されるシステムですし、DSPやSSPもユーザー属性をもとに配信が行われるので、他メディアに比べてより細かくターゲット設定ができるのです。

もう1つ大きなメリットと言えるのが、**広告の効果が計測しやすい**ことです。

　もちろん、テレビや新聞、雑誌の広告でも計測は可能ですが、難しい面が多々ありました。新聞や雑誌広告の場合、問い合わせ先の電話番号を広告ごとに振り分けて問い合わせ件数を集計したり、テレビ広告の場合はCMが流れた直後の売上の推移や問い合わせ件数をほかの時間帯と比較したりと、大変な労力を強いられます。

　しかも、その問い合わせが本当にCMを見たからなのか検証することも難しく、計測データとしては不完全なものもあるのが実情です。

　しかし、インターネット広告なら、ユーザーがクリックした数を集計でき、さらに、ある商品を購入したユーザーがどのサイトの広告から訪れたとか、購入に至らなかったユーザーがどういったタイミングでサイトから離れてしまったかなど、Web上での行動を追跡して正確なデータを収集できるのです。

●「正確なデータを取る」に隠れた落とし穴

　ただ、この計測に関して、本当に正確なのかといった議論も実はあります。

　インターネット広告の計測において、一般的に**クリック後24時間以内のコンバージョンであれば、その広告の成果とするが主流**なのですが、仮にそのユーザーがTwitterとFacebookとInstagramを定期的に見る習慣があったとして、すべての媒体で同じゲームの広告を見たとします。そのとき、例えばTwitterを見たときに広告に気づいて、Facebookで気になり始めてクリックしたけどインストー

ルせず、Instagramで三度目に同じ広告を見たときにインストールした場合、どの媒体に掲載した広告の成果とするのかが非常に難しいのです。

このとき、どの広告がどれくらい貢献しているのかということを分析するアトリビューションモデルというものが大きく3つあります。

1つ目がコンバージョンする直前にしたクリックを評価するラストクリックアトリビューションで、先の例ではInstagramがそれに当たります。

2つ目がユーザーは最初に出会った広告に影響を受けやすいという考え方をするファーストクリックアトリビューションというモデル。

3つ目がその中間として、それぞれの成果を30％、30％、40％で評価するといったバランスのよいアトリビューションモデルです。

この中で1つ目のラストクリックアトリビューションについて邪悪なことを考えれば、無理にクリックさせ、なんとかラストクリックに食い込むために、ミスクリックを誘発する広告や紛らわしい広告を増やすような事業者も、わずかとはいえまだ存在してしまっています。

また、動画広告が増えたことでクリックの定義も曖昧になり、視聴時間によってクリックとするような定義を取るプラットフォームも増えています。動画を最後まで見た場合をクリックとするのか、2秒以上見られたらクリックとするのかでは、評価が大きく変わってしまうでしょう。

また、インターネット広告のコンバージョンレートが急激に上がるタイミングがあります。それはテレビCMの直後など他の広告の影響が大きいタイミングです。

アトリビューションモデル

広告 A を見る	広告 B を見る	広告 C を見る	購入

ファーストクリック
アトリビューション

最初に見た広告を評価

ラストクリック
アトリビューション

購入直前広告を評価

バランスのよいアトリビューション
3つの広告それぞれをパーセンテージで評価

　帰宅中にTwitterで広告を見てクリックしたけどインストールせず、帰宅後テレビをつけたら同じ広告が流れていてやっぱり気になり、広告を経由しないでダイレクトでインストールした場合、最も評価されるべきはテレビCMのはずですが、Webマーケティング上では最後にクリックしたTwitterの広告の成果になってしまいます。

　このように、広告の成果はさまざまな要因が絡み合うものなので、評価方法は常に議論の的になっているのです。

● 個人情報保護法改正でマーケティングが変わる

さて、ここまでWebマーケティングとは何かを俯瞰してきましたが、本章の最大のテーマがここから紹介する「個人情報保護法の改正」です。

そもそも個人情報保護法が制定された背景にはインターネットの急速な発展が関わっています。 1980年代以降、コンピュータのネットワーク化が進み、情報化社会と言われるようになりました。それに伴い、資源としての情報の価値が非常に高まり、同時に、個人の情報・プライバシーをいかに保護しながら利用するかといった議論が進んだのです。

そして、個人の権利や利益の保護と個人情報の有用性のバランスを図るために個人情報保護法が2003年5月に成立、2年後の2005年4月に全面施行されました。

しかし、制定後もインターネットの進化は止まることがなく、制定時には想定できなかった問題が次々と噴出し、2015年9月に改正個人情報保護法が成立、2017年4月より全面施行されました。

そして、その中で3年ごとに必要に応じた改正が明記され、2020年6月に新たな改正法が成立、2022年4月より全面施行されます。

2022年施行の改正個人情報保護法で注目すべきは、**個人の権利保護が拡充されたこと**でしょう。

例えば、従来では6カ月以内に消去される個人データは「保有個人データ」と見なされず、利用停止等の請求対象にはなりませんでした。ですが、改正法では保存期間による定義がなくなり、短期間でも「保

有個人データ」となるため、利用停止や開示などの請求を行うことができます。

　また、インターネット広告に大きく影響を与える改正は、企業間におけるデータの提供について見直しが行われたことです。

　具体的には、**提供元では個人情報に該当しないデータであっても、提供先でその企業が保有しているデータと掛け合わせる**ことで個人情報になりうる場合、データを提供する際に個人の同意が必要になりました。

　例えば、提供元のA社でユーザーの閲覧履歴を取得する場合、Webサイトを見るためのブラウザIDと閲覧履歴は取得できるものの、そのユーザーの氏名や年齢などが不明で個人を特定できない場合は個人データに当たりません。

　しかし、その情報をB社に提供する際、もしB社がブラウザIDと氏名や年齢などを紐付けたデータベースを持っていた場合、A社から提供されたデータは個人情報になります。そのようなとき、改正法ではデータ取得の際に本人の同意が必要になり、それがないとデータの提供が受けられなくなるのです。

●アプリ立ち上げ時の変化に気づいていますか？

　個人情報保護法改正により、個人データの取り扱いはより慎重に行わなければならなくなり、Webマーケティングにおけるターゲティングや計測の難易度が上がると予想されます。

　さらに、個人情報保護の動きはますます加速しており、ここではそ

の代表例を2つ紹介したいと思います。

　1つ目はApple社が提供するIDで、iPhoneの端末ごとに振り分けられるIDFA（Identifier for Advertisers）というもの。これがオプトアウト方式からオプトイン方式に変更されました。
　iPhoneではSNSやアプリを利用したとき、ユーザーがどのような記事を見て、どんなフィードに「いいね！」をし、どんなコメントをし、何をシェアしたのか、また友達は何人いるか、居住地はどこなのかといった情報はIDFAを軸に記録されています。

　そうした個人情報を公開したくない人に向けて、これまではIDFAの活用を制限できるオプトアウトが設けられていました。
　ただ、アプリ制作側としては、ユーザーの個人情報は広告配信のターゲティングに有効活用できるため取得したいのが本音で、オプトアウトの設定をなるべくわかりにくい位置、設定画面の中のセキュリティの中などに設けていたのです。
　しかし、Apple社がオプトアウト方式からオプトイン方式に変更したことで、**今はアプリを初めて立ち上げたときに、ユーザーにIDFAの活用を認めてもらわなければならなくなりました**。それで最近はアプリを立ち上げたときに「あなたに最適な情報を提供するために個人データを活用しますか？」といったポップアップが表示されるようになったのです。
　当然、そのような許可を求められたら、個人情報を出したくないので拒否する人が増えるのは容易に想像できます。これにより活用できるデータが減ることで、**インターネット広告のターゲティングの精度は落ち、計測においても十分なユーザー情報が得られないため、精度**

が落ち、管理コストも増大すると予測されています。

IDFAの変化

従来のオプトアウト方式

設定画面の「セキュリティ」のところに表示。ユーザーにとって分かりづらい位置になっている。

新しいオプトイン方式

アプリ使用時に「あなたを追跡する許可を求めています」という表示に。ユーザーは「はい」「いいえ」を必ず選択できるようになった。

▶ いかに自分たちでユーザーデータを手に入れられるか

　もう１つ、IDFAだけでなく、**ブラウザ上のcookie（クッキー）の活用も制限される動きがあり、これもインターネット広告のターゲティング精度や計測に大きな影響を及ぼす**と考えられています。

　cookieとは、Webサイトに訪れたユーザーに関する情報を一時的に保存する仕組みです。
　例えば、ショッピングサイトにログインするとき、以前に入力したログインIDやパスワードが表示されていることがありますが、それ

はcookieによってサイトがユーザー情報を保存しているからです。実際、cookieが活用されることによってサイトへのログインがスムーズになったり、カートに入れた商品が購入せず時間が経ってもカート内に残っていたり、サイトの使い勝手がよくなります。

　しかし、以前から、個人情報保護の観点からユーザーデータを自由に活用することに対して疑問視する声が上がっていました。

　cookieの活用が制限されると言っても、そもそもはWebサイトを円滑に閲覧するために大切な仕組みのため、すべてが制限されるというわけではありません。

　cookieにはファーストパーティデータ、セカンドパーティデータ、サードパーティデータと言われる3つの種類があります。ファーストパーティデータは自社で保有しているデータ、セカンドパーティデータは自社ではなく特定のパートナー企業から得ることができるデータ、サードパーティデータは自社とは関係ないいわゆる第三者から得られるデータのことを指します。

　具体的に説明しましょう。化粧品メーカーがECサイトを運営していたとして、そのサイトを訪れた人や、そこで商品を購入した人、サンプルを申し込んだ人などのユーザー情報はファーストパーティデータに当たります。セカンドパーティデータは、化粧品メーカーがグループ会社の子会社だった場合、その親会社から提供された情報のことを指します。サードパーティデータは、自社とは関係のない第三者から提供されるデータなので、例えば化粧品メーカーが先ほど説明したDMPからデータを購入した場合、それがサードパーティデータに当たります。

cookieのファースト・セカンド・サードパーティデータ

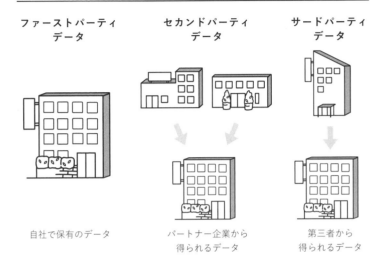

ファーストパーティ
データ

セカンドパーティ
データ

サードパーティ
データ

自社で保有のデータ

パートナー企業から
得られるデータ

第三者から
得られるデータ

　これら3つのcookieのうち、**サードパーティデータが広告配信に
おいて制限される動き**になっています。

　実際、Googleは2023年にサードパーティデータを取得できる
cookieの廃止を発表していますし、この動きはどんどん加速してい
くことでしょう。そして、サードパーティデータの活用が制限されれ
ば、ターゲティングの精度が一気に落ち、その分インターネット広告
の効果は間違いなく低下するでしょう。

　広告配信に活用されていたサードパーティデータが使えなくなる。
**そうなったときに企業に求められるのは、いかに多くのファースト
パーティデータを蓄積できるかです。**

　そこで、近年注目を高めているのが、オウンドメディア、Twitter

やInstagramなどSNSの運用です。自社メディアを育ててファンを獲得し、集めたファーストパーティデータを活用して広告の効果を高める。そうしたマーケティング活動が、近年の大きなトレンドになっているのです。

第 1 章 の ま と め

・インターネット広告費が過去最大になり、今後も重要になる

・インターネット広告は低予算で正確なデータが取れる

・けれど「正確なデータ」は曖昧さも伴っているので要注意

・個人情報保護法の改正でIDFA・cookieが制限される

・これからはオウンドメディアやSNSといった自社メディアが
　重要

SHORTMOVIE
MARKETING

第 2 章

インフルエンサー
マーケティングの実情に迫る

▶ 日本人の約6割がSNSを利用している

　第1章ではSNSを含めたオウンドメディアを持つことの重要性が高まっていることを紹介しました。次に、SNSでマーケティング活動を行うことについて考えてみたいと思います。

　SNSマーケティングとは、その名の通りSNSを活用したマーケティング活動のことですが、前章で述べたデータの獲得はメリットの1つに過ぎません。**SNSを効果的に使うことで、企業やブランドの認知度を高め、コアなファンを獲得することで好感度を向上させることもできます。**

　さらに、ユーザーと直接コミュニケーションが取れるため、**消費者の本音を商品開発やマーケティング施策に反映することができることに加え、SNSのリンクから直接購入サイトに誘導することで売上の向上も見込めます。**

　SNSマーケティングは、今やすべての企業が取り組むべきテーマと言えるほど重要になっていますが、その前提には、やはりスマートフォンの普及、並びにSNS利用率の向上があります。

　ICT総研が2020年末に行った調査によると、日本のSNS利用者は7,975万人で国内ネットユーザーのおよそ80%がSNSを利用しているそうです。しかも、この数字は年々増加しており、このまま普及が進めば、2022年末には8,241万人まで伸びると予想されています。

　以前はSNSのユーザーは若年層が多くを占めていました。しかし、現在は誰もがスマートフォンを持つようになり、50代以上の層にも

SNS利用者数の推移

※SNS利用率はネット利用人口に対するSNS利用者の割合
（2019年末のネット利用人口は9,960万人と推計）

出典：ICT総研

利用が広まっています。

　だからこそ、幅広い年代のより多くの人にリーチできるSNSマーケティングが必須と言えるのです。

●SNS特有のマーケティングファネルとは

　先ほど、SNSマーケティングのメリットを大まかに説明しましたが、それぞれ詳しく見る前に「マーケティングファネル」について見ておく必要があります。

　マーケティングをやられている人なら周知のことと思いますが、「ファネル」とは漏斗（じょうご）のことで、消費者の認知から購入に至るまでの購買行動を示す形と似ていることから、一般的に使用されているフレームワークです。

そして、それぞれのファネルに当てはまるものは、上の層から「認知」、「興味・関心」、「比較・検討」、「購入」となっており、さらに近年はインターネットメディアやSNSで誰もが情報を発信できるようになったことから、「購入」の下に三角形をつけて、「継続」、「紹介」、「発信・拡散」を加えたものをマーケティングファネルとする考え方も広まっています。

マーケティングファネルの具体例

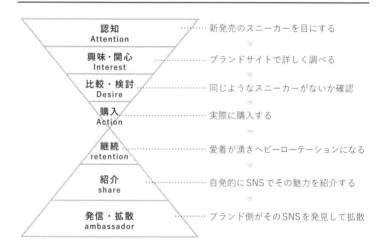

ファネル	具体例
認知 Attention	新発売のスニーカーを目にする
興味・関心 Interest	ブランドサイトで詳しく調べる
比較・検討 Desire	同じようなスニーカーがないか確認
購入 Action	実際に購入する
継続 retention	愛着が湧きヘビーローテーションになる
紹介 share	自発的にSNSでその魅力を紹介する
発信・拡散 ambassador	ブランド側がそのSNSを発見して拡散

　それぞれのファネルに対して、具体的な行動を例に挙げてみましょう。

　例えば、スニーカーを購入するときの購買行動としては、まず、テレビや雑誌、SNSなどでスニーカーを目にしてその存在を知ることが「認知」で、次にそのスニーカーを気に入り、ブランドサイトで詳しく調べるのが「興味・関心」です。

　そして、調べていくうちにだんだん欲しくなりますが、そこで本当

に自分に必要なのか、似たようなスニーカーでもっとオシャレで安い
ものはないかを調べるのが「比較・検討」で、じっくりと考慮した上
でそのスニーカーを手に入れるのが「購入」のファネルです。

そして、今度は購入後の行動として、そのスニーカーがお気に入り
の一足となり、ヘビーローテーションするようになったり、そのブラ
ンドの別モデルも購入したりするようになることが「継続」。さらに、
スニーカーを購入した人が自発的に魅力や履き心地のよさなどをSNS
に投稿することが「紹介」で、最後の「発信・拡散」はブランドが
ユーザーの口コミやレビューを見つけて自社のSNSなどを使って広
めることです。

この最後の「発信・拡散」によって、まだ認知されていなかった消
費者に情報が届き、再度マーケティングファネルの「認知」に行くと
いう構造になっています。

● これからは「いかに知ってもらうか」が重要になる

このマーケティングファネルにおいて、**従来のWebマーケティン
グでは、データによって精度高く配信できるという特性をもとに「購
入」のファネルを重視するケースが多くを占めていました。**

例えば、リターゲティング広告では、クリテオ（Criteo）という
企業が開発したダイナミックリターゲティングという手法が有名で
す。サッカーをやっている人がショッピングサイトでアディダスのス
パイクを見たとき、別のサイトを訪れたときに、まったく同じ商品の
ほかに、アディダスの似たようなモデルとナイキのスパイクの広告が
表示されるのです。そして、興味を持ってそのバナーをクリックする

と、バナー内のクリックした箇所によって遷移される画面が変わり、中にはそのままカートの画面に遷移する仕組みになっています。

　また、リスティング広告においても、購入に直結するような仕組みがいくつも考えられます。

　例えば、化粧品メーカーがまつ毛美容液の「まつ毛のび〜る」というアイテムを開発したとしましょう。リスティング広告の中でも一般的には、まつ毛美容液に関係する「美容」や「ビューティ」といったより一般的なキーワードと結びつけておくものですが、購入と直結させるために「まつ毛のび〜る」という商品名と結びつけておくのです。

　もちろん、あえてリスティング広告を買わなくても、商品名なので検索結果の上位に表示されるのですが、**さらにその上の広告枠のところにちょっとした商品説明に加えてすぐに購入できる画面へ遷移させるリンクを貼り、すでに「比較・検討」の段階に入っている人にすぐ購入してもらえるような仕組みにするのです。**

　ただし、前にも説明した通り、リターゲティング広告やリスティング広告の精度を高めるには、詳細なユーザーのデータが必要で、cookieやIDFAの活用が制限されたら、それが叶いません。

　すでに「興味・関心」のファネルに到達している人向けの手法による広告効果が低下するとなると、その上の階層である「認知」ファネルから、いかに広げていくかが重要になります。

　そして、「認知」拡大に適したマーケティング手法が、今の時代はSNSマーケティング、特に本書のテーマであるショートムービー・マーケティングになっているのです。

● テレビはおろか「Webサイト離れ」も進行していた!?

「認知」に適したSNSマーケティング。そこにあえて「今の時代」と
つけたのは、かつてはテレビCMが「認知」のためには最も強かった
のですが、前章で述べたように、インターネット広告費がテレビメディ
ア広告費を抜いたことからも分かる通り、近年は崩れつつあります。

若年層の中には自宅にテレビを持っていない人も少なくなく、日常
生活でまったくテレビを見ない人も決して珍しくなくなりました。さ
らに、たとえテレビを見るにしても、**CMが煩わしいからリアルタイ
ム視聴ではなくあえて録画し、あとでCMをスキップさせながら視
聴する人も増えています。**

ただ、SNSマーケティングに限らなくても、Webマーケティング
全般なら、テレビ離れの影響でかつてより認知力が向上していると考
える方もいるでしょう。しかし現在、**若者の間では、「Webサイト離
れ」すら進行していると考えています。**

かつては、インターネット上で何か調べものをするとき、まずブラ
ウザを立ち上げて、GoogleやYahoo!といった検索サイトを使って
調べるのが一般的でした。ですが、**若い方の行動を見ていると、そも
そもブラウザといった概念がないと感じることもあります。いきなり
TwitterやInstagramのアプリを立ち上げ、そこで検索をかけるの
です。**

実際、弊社に入社した新卒の方々はガラケーを使った経験がない人
も多く、そういう人からすると、ブラウザという垣根はほぼないに等
しいと言えるのではないでしょうか。なぜなら、スマホ上でSafari（サ

ファリ）やGoogle Chrome（グーグル・クローム）を立ち上げるのと、TwitterやInstagramを立ち上げるのでは行動としては一緒です。それなら、**より普段から多く立ち上げているSNSに自然と指が伸びる**と思うのです。

さらに言えば、**企業が発信する広告よりも、SNSユーザーが投稿するリアルな声の方が信用できる**といった人も増えているのかもしれません。特に今は、Googleで検索したとき、上位に来るのはきちんとSEO対策がなされた企業の情報やリスティング広告などの広告記事ばかりで、そこには「生の声」はないと感じているようです。であれば、より身近な声が聞けるSNSで検索をかけた方が有益な情報が得られると考えるのも十分頷（うなず）けます。

それらのことから、「認知」のために若年層を含めたより多くの人に情報を届けるためには、これまで以上にSNSマーケティングを強化することが重要だと考えています。

● 「生の声」を重要視するインフルエンサーを活用するには

ひと口にSNSマーケティングと言っても、その手法にはいくつか種類があります。まず、**最もオーソドックスなものが、各プラットフォームがオフィシャルに提供している広告**です。

例えば、Twitterでは、通常のツイートの間に広告を挟み込むことができ、そこには文字だけでなく動画を埋め込むこともできます。こういった広告の強みは、プラットフォームが保有しているユーザー

情報をターゲティングに活用できるため、年齢や性別、地域などの情報はもちろん、投稿の頻度やキャンペーンなどへの参加履歴などから、より綿密なターゲティングが可能です。

次に挙げられるのが、**企業自ら自社のSNSアカウントを運用する**ことです。

この手法のメリットは、フォロワーを集めることができたら多くの人に情報を発信することができ、そのリアクションなどで双方向のコミュニケーションが可能なことです。また、投稿内容によっては、消費者に親しみを持ってもらえたり、コアなファンの獲得につなげることもできます。

ここ数年で自社アカウントを持つ企業が非常に増え、中には数十万フォロワーを持つところも出てきています。

3つ目は、**SNS上で多くのフォロワーやファンを持ち、影響力の強いインフルエンサーやクリエイターをマーケティングに活用する方法**です※。

具体的には、インフルエンサーに商品を渡し、対価を支払った上で「PR」とつけて投稿してもらうことが一般的です。

※ InstagramやTwitterでは、SNSでフォロワーの多いユーザーをインフルエンサーとして呼ぶことが一般的ですが、TikTokやYouTubeにおいては、クリエイターと呼ばれることが一般的です。単なる投稿というより、動画コンテンツを創る側面を表現した呼び方となっています。本書では、インフルエンサーとクリエイターという言葉をほぼ同義として、SNSユーザーの中でもフォロワーが多く影響力の大きいユーザーとして使っていきます。

それ以外にもギフティングと呼ばれる施策もあり、これは**商品をイ**

ンフルエンサーに無償提供するものの対価は支払わない代わりに、その商品を投稿するかどうかはインフルエンサーに委ねる方法です。

　しかも、投稿する内容も指定したりせず、本当に気に入ったら投稿してもらえればいいし、気に入らなかったら投稿しなかったり、注文をつけたりしても構わないといったスタンスで行う施策です。書籍でもよくギフティングという施策が取られています。

　また、新作発表会などのイベントにインフルエンサーを招待し、そのイベント内容を投稿するかしないかを委ねるものもあります。

　どちらの場合も無償で行われ、インフルエンサーに投稿するか否かや投稿内容を委ねる場合は一般的に、「PR」と表示する必要はありませんが、インフルエンサーが投稿したいと思えるような工夫が求められます。

SNSの広告例とメリット・デメリット

	広告例	メリット	デメリット
1	各SNSのオフィシャルの広告オプションを使用	・各プラットフォームが持つユーザー情報に合わせて、より精度の高いターゲティングが可能	・各オプションによって広告料が発生する
2	各SNSを自社メディアとして運用	・ユーザーと双方向のコミュニケーションが可能 ・コアファンの獲得につながる ・ユーザーの意見を商品開発などにつなげやすい	・ある程度フォロワーを増やす必要がある
3	インフルエンサー・クリエイターを活用	・莫大なフォロワー数の人に情報を届けることができる ・インフルエンサーのファンにポジティブな影響を与えることができる	・インフルエンサー・クリエイターへの広告料が発生する ・自社製品とインフルエンサー・クリエイターとのマッチングに注意が必要

そのほか、インフルエンサーマーケティングの中には、自社が運営するアカウントにインフルエンサーをキャスティングする方法もありますが、いずれの方法も、**インフルエンサーが持つ多くのフォロワーに情報が届くため、非常に高い効果が見込めるマーケティング手法**と言えます。

　上記３つがSNSマーケティングの主な手法ですが、そのほかにも各プラットフォームで異なる施策が行われています。

　Twitterの「**インスタントウィン**」というツールは、企業のアカウントをフォローしたり、投稿をリツイートしたりすることでキャンペーンに応募でき、しかもすぐに当落が分かるといったシステムで、フォロワー獲得のために有効活用している企業が多いです。

　TikTokでは「**ハッシュタグチャレンジ**」と呼ばれるキャンペーンが広く活用されています。このハッシュタグチャレンジは、例えば飲料メーカーが「#コーヒーのある暮らし」というハッシュタグをつけたお手本動画のようなものを投稿し、それを見たインフルエンサーや個人ユーザーが、そのお手本を真似した動画を投稿するというもの。多くの人が真似したいと思える動画を作ったり、ユニークなハッシュタグを考えたりすれば、**自然発生的に自社の商品を使った投稿が増え、「認知」や好意度向上などの点で非常に高い効果を発揮します。**

▶ユーザー発信の情報の方がモノが売れる

　このように、さまざまあるSNSマーケティングの中で、高い効果が期待できるとして注目されている手法は、インフルエンサーマーケ

ティングです。

　自社でSNSを運用するのもよいのですが、インフルエンサーと同じくらいのフォロワー数まで育てるには十分な期間と仕掛けが必要ですし、何よりも、**企業が発信する情報より、憧れや共感を抱いているインフルエンサーが発信した情報の方がユーザーに影響を与えやすい**ということが言えます。

　さらにインフルエンサーマーケティングと切っても切れない関係なのが、近年より注目を高めている「UGC」（User Generated Content：ユーザー生成コンテンツ）です。**UGCとは、企業によって作られたコンテンツではなく、ユーザーによって作られたコンテンツを指します。**ユーザー自身が購入したお気に入りの商品を紹介するSNSの投稿やブログ、さらにはグルメサイトやショッピングサイトのレビューなどがそうです。インフルエンサーの投稿もUGCの1つと言えます。

　多くの企業がUGCを増やす施策を行い、良質なUGCをSNSのインフィード広告のクリエイティブに設定し、高い効果を挙げています。

　なぜ、このUGCが重要かというと、現在の消費者の購入行動において、**比較・検討をする際、ユーザーの口コミを参考にする比重が非常に高まっている**からです。

　さらに、SNSの普及により、情報の拡散力が飛躍的に向上しました。しかも、情報を調べるのに検索サイトではなくSNSを使う人が増えたことから、以前に比べて多くの人がUGCに触れる機会が増えました。そして、良質なUGCを生み出すために効果的なのが、発信力の高いユーザー（つまりインフルエンサー、クリエイター）を活用した、

インフルエンサーマーケティングなのです。

▶ フォロワー数だけを見ても成果は出せない

　UGCの拡散に大きな威力を発揮し、「認知」を高めるためにも有効なインフルエンサーマーケティングですが、より効果を高めるにはいくつか気をつけるポイントがあります。

　商品をどのインフルエンサーに紹介してもらうのかといったキャスティングを考えるとき、普通だったらできるだけフォロワーの多い人に依頼したいと考えるかもしれません。しかし、**フォロワーの数だけを見ていると、意外な落とし穴にはまる危険性があります**。

　例えば、女性向けのコスメをインフルエンサーに使ってもらいたいと考えたとき、フォロワー数20万人のA子さんと、10万人のB子さんがいたとします。どちらも定期的にメイク動画を投稿していて頻度も同じくらいだとしたら、単純に考えればフォロワー数の多いA子さんに依頼した方が多くの人に見られると思うでしょう。

　けれど、もし20万フォロワーのうち男性が80％で、B子さんのフォロワー10万人のうち90％が女性だったらどうでしょうか。商材が女性向けのコスメですから男性に見られても購入にはつながらないので、A子さんに依頼すれば20％の4万人の女性にしか届きません。反対にB子さんに依頼すれば90％の9万人の女性に情報が届くのです。

　さらに、フォロワー数だけ見てはいけない理由をもう1つ説明します。

　フォロワーが100万人いたとしても、その中にはカジュアルな気持

フォロワー数の特性

	A子さん	B子さん
見えやすい部分	フォロワー 20万人	フォロワー 10万人
見えにくい部分	〈フォロワーの割合〉 男性 80% …… 16万人 女性 20% …… 4万人 〈その他の特徴〉 ・コメントの数が少ない ・気軽にフォローしている人が多い	〈フォロワーの割合〉 男性 10% …… 1万人 女性 90% …… 9万人 〈その他の特徴〉 ・コメントの数が多い ・コアのファンが一定数いる

ちでとりあえずフォローしているだけの人が多い可能性もあります。周りの友達がみんなフォローしているから自分もフォローしておくとか、みんなとの話についていけないからフォローするなど、そうした人が商品紹介の投稿を見たとして、果たしてどれだけの影響があるでしょうか。

　もちろん、「認知」の拡大だけを目的とするなら一定の効果は認められるものの、「興味・関心」や「比較・検討」の層を増やしたいのなら、フォロワー100万人という数字に見合った効果は期待できないでしょう。それよりも、たとえフォロワー10万人だったとしても、**熱狂的なファンの多い人の方が、影響力という面では絶大な力を発揮するのです。**

マーケティングでは、消費者を分析するとき、年齢や性別、職業といった属性データのデモグラフィックと、ライフスタイルや価値観、好みなど心理面のサイコグラフィックの両面から分析することが重要と言われています。だからこそ、**インフルエンサーをキャスティングするときも、フォロワー数の数字を見るのではなく、フォロワーのデモグラフィックやサイコグラフィックを考えなければいけません。**

もちろん、SNSのフォロワーリストを見るだけでは、どういった人たちがフォローしているかは分かりません。そのため、**1つの投稿に対し、どれくらいの人がリアクションしているのか、平均リツイート数を調べたり、コメント数やその内容を確認したりすることが重要です。**もしくは、すでに多くのインフルエンサーと取引をしている広告代理店やインフルエンサーが所属している事務所に協力を仰ぐのもいいでしょう。

▶ 同じ人に同じ情報を届けないために

インフルエンサーをキャスティングするとき、もう1つ重要なのは、**フォロワーの重複率をいかに抑えるか**ということです。

例えば、ディスプレイ広告では、データを活用して広告配信することで重複率を抑えていました。デリタゲ（デリートターゲティング）と呼ばれる手法は、すでに購入した人やアプリをダウンロードしたユーザーを配信対象から外す手法です。

しかし、インフルエンサーを活用する場合は、ターゲットと親和性の高い人を起用することが基本なので、そうすると重複するフォロワーがどうしても増えてしまうのです。つまり、女性向けコスメの商

品をできるだけ多くの人に知ってもらいたいと思って美容系に強いインフルエンサーを複数起用しても、結局のところフォロワーがかぶってしまい、想定通りには「認知」が広まらないということも十分に考えられるのです。

　なお、インフルエンサーの1回の投稿で商品のよさが全て伝わるとは限りません。**紹介するのは同じ商品でも、違った紹介の仕方をすることで新たな認知を獲得することは可能です。**つまり、普段からレビューを投稿するインフルエンサーには丁寧に説明する「使ってみた動画」をあげてもらい、普段コメディタッチの動画をあげているインフルエンサーには面白おかしく商品の効果を訴求してもらうなど、1つの商品で切り口や訴求、活用インフルエンサージャンルなどをうまく変えることで、フォロワーの重複を抑えながら、効果的なマーケティングにつなげることができます。

　うまくターゲット重複とフリークエンシー（接触頻度）のバランスを取ることが大切です。

　ひと口にインフルエンサーマーケティングと言っても、単にフォロワー数の多い人にお願いするのではなく、目的を明確にして最善の施策を考える。そうした工夫が、インフルエンサーマーケティングを成功させるために欠かせない鍵なのです。

▶ SNSに多く見られる「ステマ疑惑」問題

　インフルエンサーマーケティングを行うとき、注意しなければいけ

ないのはステルスマーケティング（ステマ）について十分に理解することです。

インフルエンサーに対価を払って自社の商品を紹介してもらうときは、「#PR」「#提供」などを用いて広告である旨を明記してもらわなければなりません。 明記していない場合、一般にステルスマーケティングと呼ばれます。最悪の場合、景品表示法違反になる可能性があります。

しかし、インフルエンサーの中には、広告をできるだけ目立たないようにして投稿する人も少なからず存在しています。極端な例ですが、「#PR」の文字を黒にして、黒のシャツの上に被せているケースも実際にありました。

インフルエンサーが広告を目立たなくさせる背景には、フォロワーの中には広告を嫌う人が一定数いるということが考えられます。若い人がSNSで情報を得るのは「生の声」が知れるからと紹介しましたが、親近感を持っていつも投稿を見ていたのに、急にビジネスの匂いがして熱が冷めてしまうこともあります。それを防ぐために、ルールである広告の明記を隠そうとする意識が働いてしまうのです。

確かに、普段はコメディタッチのネタを投稿していたのに、急に商品を淡々と紹介するだけの投稿ばかりになったらフォロワーは離れていってしまうでしょう。しかも、離れてしまったフォロワーは、インフルエンサーとともにその商品に対しても悪いイメージを持ってしまうかもしれません。

ですから、インフルエンサーに商品を紹介してもらうときは、**フォロワーが離れないようなそのインフルエンサーに合ったコンテンツを考える必要があります。** そのためには、頭ごなしに「こういう投稿を

してください」と指示するのではなく、ある程度自由にインフルエンサーに投稿内容を決めてもらった方がよいでしょう。

そして、インフルエンサーが「この投稿内容が一番いい」と考えた方法で、広告表記の上コンテンツを投稿してもらうことで、ステルスマーケティングになってしまうことを避け、さらにフォロワーに悪いイメージを与えずに商品を知ってもらうことが可能になります。

● SNSでテレビ広告に匹敵する「認知」につなげる

SNSが広く浸透した現在において、インフルエンサーマーケティングは非常に強い戦略ですが、決して懸念点がないというわけではありません。それは、**フォロワーに向けて発信できるからターゲットを絞りやすいというメリットが、「認知」というファネルにおいてはデメリットに働いてしまうケースもある**ことです。

そもそも、インフルエンサーマーケティングを含め、Web広告にはターゲットを絞りやすいという特性があります。リスティング広告は関連ワードを検索した人に向けて配信されるものですし、リターゲティング広告はすでに商品の購入を検討している人に対して配信される広告です。インフルエンサーマーケティングに関しても基本的にはフォロワーに向けて発信されるので、限定されたターゲットに配信する手法だと言えるでしょう。

「認知」において絶大な威力を発揮するテレビCMは、SNSマーケティングに比べてターゲティングの精度は落ちます。しかし、だからこそ、

広くあまねく情報を届けることができます。

　また、Webとテレビでは、消費者が情報に触れる行程が決定的に違います。Webの場合、何か調べ物をするときに検索などして能動的に情報にアクセスしますが、テレビでは、目的なく流れてくる情報をキャッチする受動的な態度と言えます。そして、**その情報を受け入れやすい状態こそ、「認知」を広めるために重要なポイントなのです。**

　基本的に能動的に情報にアクセスするWebやSNSの中で、テレビのように受動的に情報に触れられるメディアが存在します。

　それが、TikTokをはじめとするショートムービーのプラットフォームです。

　かつてほどテレビの影響力がなくなった今、**「認知」というファネルにおいて最も強い力を発揮するのが、ショートムービー・プラットフォームになりつつあるのです。**

TikTokは「認知」ファネルに効くメディア

名前を知ってググる
Google
YouTube

認知・興味関心を抱く

TikTok
Reels
テレビ

購入

名前を知ってタグる
Instagram

> **ショートムービーアプリ（TikTok、Reels）が
> 消費者の行動に根付き、影響を与える時代に**

第 2 章 の ま と め

・若者に限らず全世代がSNSを利用している

・Webでユーザーにいかに商品を「認知」させるかが重要

・Web離れが進行しているのでSNS強化が喫緊の課題

・個人情報保護法改正によりインフルエンサーの活用が重要になる

・フォロワーの「数」だけではなく「質」も見ることが大事

・SNSで「認知」を広げるにはショートムービーが効果的

SHORTMOVIE
MARKETING

第 **3** 章

急 拡 大 中 の
ショートムービー市場に迫る

▶ AIで実現したレコメンドフィードの大革命

　この章では、TikTokをはじめとしたショートムービー・プラットフォームが、なぜ「認知」において強い力を有しているかについて説明します。

　まずそもそも、「テキスト＋画面の一部に表示する静止画」よりも、動画（しかも縦型全画面）の方が圧倒的な訴求力があります。
　しかし、もちろんそれだけではありません。
　YouTubeやInstagram、TwitterなどのSNSとTikTokの最大の違いは、レコメンドフィード、つまり「おすすめ」フィードがあるかどうかです。

　TwitterやInstagramを見るとき、多くの人はフォローしている人の投稿を主にチェックしています。また、それ以外の投稿を見るときも、Twitterでは気になるトピックを検索してフォローしたり、フォローしている人が「いいね！」「リツイート」した投稿を見ますし、Instagramでも基本的には検索して表示されたものを見るのが一般的です。Instagramにはトレンドページ、YouTubeには関連動画や急上昇等のレコメンドもありますが、それがメインのユーザー体験には据えられていません。

　それに対して2017年にリリースされたTikTokは、革命的なアルゴリズムを浸透させました。
　それが「おすすめ」フィードです。

AIによって視聴者ごとに完全にパーソナライズされたフィードが、世界を一歩前進させました。

　僕はTORIHADAを創業する前、サイバーエージェントでアドテクノロジーを学びましたが、そのときよく話されていたことが、「**スマホのホームはAIによって日々パーソナライズされたレコメンドになる**」ということでした。
　つまり、AIは私たちの「選ぶ」という工程を極めて減らしていくはずで、TikTokはそれを動画プラットフォームとして実現しました。

　これは、「ソーシャルネットワーク2.0」と言ってもいい変化だと考えています。
　フォロワーがいなくても、バズが生めるようになったのです。

▶ 近い将来、どのSNSも「おすすめ」が主流になる!?

　ここから、具体的に説明していきます。
　TikTokのレコメンドフィードはフォローの有無に関わらず、**プラットフォーム独自のアルゴリズムやAIによってさまざまな投稿がユーザーごとに最適化され、「おすすめ」フィードに表示されます。**それを縦にスワイプしていくと、レコメンドされた動画が自動再生される仕組みになっています。

　確かに、「フォロー」しているユーザーのコンテンツが見られるフィードもありますが、**ほとんどのコンテンツが、レコメンドフィー**

ドからの視聴となっています。

　例えば、Instagramの場合、フォロワーが10万人いたとしたら、そのおよそ半分の5〜6万人の人に投稿が見られると言われています。拡散するためにハッシュタグをたくさんつけて検索にかかりやすくしても、フォロワー数以上の人に見られることは実は滅多にありません。
　ですが、TikTokはフォロワーが同じ10万人だったとしても、アルゴリズム上で高く評価される動画であったらレコメンドフィードに載って拡散され、フォロワー数以上の100万回再生以上されることもあります。
　確かにTwitterには、リツイートすることでフォロー外の人にも投稿が拡散される機能があり、稀に予想を超えるバズり方をするものもありますが、TikTokの場合はリツイートという他者の協力がなくても「おすすめ」フィードで常に広まっていくので、他のSNSに比べて非常に拡散率が高いと言えます。

　また、前章の終わりで触れた通り、認知に影響を与えるために、ユーザーの態度がテレビを視聴しているときのように、受動的であるということもポイントです。
　主体的に情報を取りに行っているときに新しいコンテンツや広告などの情報を見ても、目的があるため素通りすることが多くなりますが、多用なコンテンツを受動的に視聴しているTikTokユーザーはさまざまな情報に前向きであると言えます。
　にもかかわらず、インターネット広告予算やインフルエンサーマーケティングの市場規模におけるTikTokのマーケットシェアはまだまだ小さく、伸びしろの大きいマーケットとなっています。

プラットフォームの効率比較表

SNS	視聴態度	特徴	ユーザーの目的	メインフィード	フォーマット
TikTok	受動的	AIによってコンテンツパーソナライズがされた動画の視聴	・自身のコンテンツの拡散 ・パーソナライズされた動画の視聴	レコメンド	短尺動画
YouTube	能動的	世界最大の動画プラットフォーム	・動画コンテンツ視聴	チャンネル登録＋レコメンド	長尺動画
Instagram	能動的	写真や動画をメインとしたビジュアルコミュニケーションで世界観が重視される	・友人、芸能人の投稿チェック ・自身の日常を発信	フォローしているコンテンツ	静止画（動画）
Twitter	能動的	140文字での、気軽に短文投稿ができ、リツイートにより拡散され不特定多数の人へ情報を広げることが可能	・つぶやき ・リアルタイムでの情報収集	フォローしているコンテンツ	テキスト（動画・静止画）

SNS	拡散性	競合環境	工数	フォロワーに対する平均エンゲージメント
TikTok	◎ ・プラットフォーム内一斉シェア不可 ・シェアせずとも「おすすめ」で拡散される	◎ ・運用アカウントが少ない	△ ・映像の制作が必要だが容易	10%～∞
YouTube	× ・プラットフォーム内一斉シェア不可 ・まずチャンネル登録者数の獲得コストが必要	○ ・さまざまな企業が運用	× ・映像の制作が必要	25～35%
Instagram	× ・プラットフォーム内一斉シェア不可 ・まずフォロワー獲得コストが必要	× ・さまざまな企業が運用	△ ・スチールや動画の制作が必要	5～20%
Twitter	○ ・まずフォロワー数獲得コストが必要 ・プラットフォーム内シェア可能	× ・さまざまな企業が運用	◎ ・テキストだけでも運用可能	10～20%

さらに、拡散率が高いということは、フォロワーが少ない段階からでも一定の効果が見込めるということになります。

　現在、自社のTwitterアカウントやInstagramアカウントを持っている企業は多く、その中で他社との差別化を図りながらフォロワーを増やすのは、至難の業だと言ってもいいでしょう。

　一方、**TikTokはまだまだアカウントを持っている企業が少ないブルーオーシャンです。**しかも、ユーザーが面白いと感じるコンテンツ作りに注力できれば、レコメンドフィードによってフォロワー0からでも一気に伸ばせる可能性もあるため、これからSNSマーケティングを始めるには、非常に適したプラットフォームと言えるのです。

　ちなみに、**Instagramも通常フィードをレコメンドフィードに変える検証を行っている**と一部のメディアに報道されています。フォローや友達などのソーシャルグラフを中心とするフィードから、AIを活用したレコメンドフィードというのはもはやTikTokだけではなく、広い世の中のトレンドとなっていきそうな様相を呈しているのです。

▶TikTokの驚異的な急成長

　ではここで、改めてTikTokとは何かについてご紹介します。

　TikTokとは、中国のByteDance社が運営するアプリで、**15秒〜3分のショートムービーを撮影・編集・投稿・閲覧できるプラットフォーム**で、ライブ配信にも対応しています。

　そもそもの歴史は、2016年にByteDance社が中国本土で抖音

（Douyin）のサービスを開始したのが始まりで、2017年に北米で流行していたmusical.ly（ミュージカリー）を買収し、圧倒的な資本力を活かしながら各国のマーケットにローカライズして全世界に広まりました。

　日本では2018年から爆発的な流行を見せ、同年の新語・流行語大賞にノミネート。さらに、日本のApp Storeで配信されている無料アプリの2018年ダウンロード数ランキング第1位を獲得しました。

　このTikTokの急激な成長は驚異的なスピードと言えます。

　具体的な数字を示すと、**1億人のユーザーに達するまでの期間がFacebookやInstagramなどほかのSNSと比べておよそ半分でした。さらに、その勢いは止まることなく、現在ではFacebook社製のアプリ以外では初となる30億ユーザーを突破、MAU10億人を超えるサービス**に成長しています。

各SNSのローンチ後のユーザー数の推移

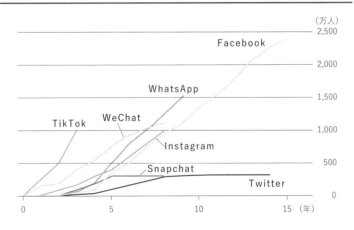

ちなみに、ByteDance社の評価もうなぎのぼりで、2021年4月時点でプライベート投資家から時価総額44兆円を超える評価を受けるようになったと噂したメディアもあるほどです。この時価総額は、すでに世界の上場企業の中でもトップ10入りを果たしています。

　あまり語られていませんが、この評価は次に語るレコメンドフィードや開発体制の強さに加えて、さまざまなゲームアプリ、TikTok以外の革新的なサービス群の評価も含め、高い時価総額に至っているのだと感じています。例えば、ビジネスSNSのLARK（ラーク）は、弊社もSlack（スラック）と併用して使っていますが、UI（ユーザーインターフェイス）や費用面も素晴らしく、Slackに全くひけを取らないサービスだと感じています。また、動画編集アプリのCapCut（キャップカット）は、スマホだけで簡単に高クオリティの動画が作れる無料サービスで、多くのクリエイターに利用されています。

▶ 独自路線のByteDance

　このようにTikTokが急成長を遂げた要因はいくつか考えられますが、**最も大きな理由としては、やはり先ほど説明したレコメンドフィードの存在**です。

　このレコメンドフィードはフォローの有無に関わらずバラエティ豊かな動画が流れると先ほど説明しましたが、あまりにも自分の興味とかけ離れた内容のコンテンツばかりが流れたら、ユーザーは自然と離れていってしまうでしょう。

　その点において、TikTokの「おすすめ」フィードに用いられているアルゴリズムは非常に優秀で、**ユーザーの視聴履歴**などから、その

ユーザーが興味のあるコンテンツをしっかりと予測し、その範囲を大きくずれることなくバラエティ豊かなコンテンツを見事にパーソナライズして配信します。

　これは、ByteDanceが2012年からリリースしているToutiaoに原点があります。Toutiaoは、友達のないFacebookフィードのような見た目で、ユーザーの行動履歴や興味に基づいてAIがニュースをレコメンドするサービスです。

　ByteDanceは9年前から、検索・フォローを中心とする能動的なソーシャルグラフが主体のInstagramやYouTubeを横目に、**人間にとっては受動的なレコメンドフィードのアルゴリズム、AIに投資**していたのです。

　Toutiaoで培われた技術や体制がTikTokにも流用されたため、TikTokのレコメンドフィードは他SNSと一線を画すハイレベルなものになりました。

　このレコメンドフィードは、新しいコンテンツとの出会いを創出します。

　かつてテレビで音楽番組を見ていたとき、お目当ての人とは違う歌手の楽曲に初めて触れて、「こんなにいい歌があったんだ」と驚いた経験はないでしょうか。人は予期せぬ出会いに喜びを感じるところがありますが、TikTokのレコメンドフィードは、まさにそうした出会いが生まれやすくなっています。

　そして、予期せぬいい出会いはユーザーの興味を広げます。

　例えば、TwitterやInstagramでフォローしている人だけの投稿をずっと見ていたら、フォローしている人への理解度は深まるかもし

れませんが、興味の幅が横に広がることはそう多くありません。ですが、**TikTokなら一定のユーザーへの理解を深めつつ、興味範囲自体も拡大していくのです。**

また、テレビの音楽番組で新たなアーティストを発見したとき、翌日の学校で「昨日のあれ見た？　すごくいい歌見つけちゃった」という会話をしていたように、TikTokで面白いコンテンツを見つけたらそれを人に紹介したいと考える人も多いのではないでしょうか。

もっとも、今では翌日の学校まで待つ必要はなく、LINEで友達に連絡したり、その場でSNSに投稿すれば情報は一気に世界中に広がります。実際、TikTokコンテンツは他プラットフォームでシェアされやすいという特徴もあります。

そうした動きをもたらすレコメンドフィードがあるからこそ、TikTokの拡散力は非常に高くなっています。

TikTokの強み

シェア

A
B
C

< **TikTok 2.4倍**

拡散性が高く、TikTokからトレンドが生まれ、広がる。

他SNSにシェアする

▶ もはや「女子高生がダンスしているだけ」はもう古い

　日本においてショートムービー・プラットフォームの先駆け的存在であり、今なお市場を牽引し続けるTikTokですが、読者の中には「TikTokは女子高生がダンスしているだけ」といった認識をしている方もいるのではないでしょうか。

　確かに、TikTokがリリースされた直後は、若い女の子が音楽に合わせてリップシンクをしながら踊っている動画が主流でしたが、現在のコンテンツの内容は非常に多岐にわたっています。

　例えば、**コメディタッチの笑えるネタ動画**のほか、**ニュースを分かりやすく解説する動画、メイクの仕方や料理のレシピを紹介するハウツー動画、日々の生活を動画でブログのように切り取るVlog**など、**あげればきりがないほど多様化しています。**本書の版元であるKADOKAWAも2021年5月に「KADOKAWA 大学」というアカウントを開設して学びを紹介する動画をあげています。

　それに伴い、TikTokのユーザー層も変化しており、これはオープンな情報ではないのであくまでも推測ですが、**今は半数近くが25歳以上になっており、急激にエイジアップを進めています。**すでに**YouTubeやInstagramと似たような年齢構成になりつつあるのです。**

　このようにTikTokユーザーの年齢層が拡大した理由はByteDanceの類稀なるマーケティング戦略があったと言えるでしょう。

　実際、リリース直後はあえてリップシンクのトレンドを演出したTikTokでしたが、人気になって早々に「**今後はコンテンツを多様化**

する」と宣言。事務所やクリエイターに中国のDouyinで人気を集めているコンテンツを紹介し、コンテンツが多様化するように働きかけたり、リップシンク以外が盛り上がるようなユーザー参加型のチャレンジ企画を催すなど、さまざまな施策を行ってきました。

お手本動画の真似をするハッシュタグチャレンジも、コンテンツの多様化に一役買っています。

例えば、「子供のいるくらし」といったハッシュタグチャレンジが盛り上がれば、お子さんのいるユーザー、つまり20代後半〜30代のユーザーの投稿を増やすことができます。

そうした戦略を次々と行い、徐々にTikTokの年齢層を拡大していきました。

ICT総研が2020年に実施したSNS利用時間の調査によると、**前年に比べて利用時間が増えたと回答した人の割合がTikTokは79％にも達し、ほかのSNSと比べてその伸びが顕著に現れて**いました。

要因としては、先ほどから説明しているショートムービーを求めるニーズが高まっていること、加えて年齢層が拡大したことも要因の1つと考えられるのではないでしょうか。

学生が通学途中や休み時間にSNSを見るのと同様に、社会人も仕事の合間の隙間時間をSNSで埋めている。細切れの隙間時間には、10分以上の長尺動画では最後まで見られませんし、わざわざコンテンツを検索したり選んだりするのも面倒です。そのため、**15秒〜1分のショートムービーがレコメンドフィードによってサクサク見られるTikTokが選ばれている**のです。ユーザーの長い利用時間が、今なお成長を続けているTikTok最大の強みを証明していると言っていいでしょう。

各SNS利用時間の変化（前年との比較）

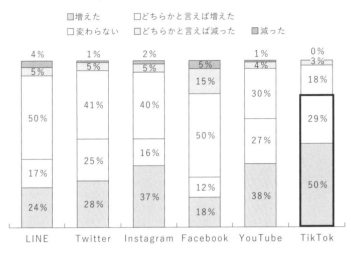

凡例:
- ■ 増えた
- □ どちらかと言えば増えた
- □ 変わらない
- □ どちらかと言えば減った
- ■ 減った

	LINE	Twitter	Instagram	Facebook	YouTube	TikTok
増えた	4%	1%	2%	5%	1%	0%
どちらかと言えば増えた	5%	5%	5%	15%	4%	3%
変わらない	50%	41%	40%	50%	30%	18%
どちらかと言えば減った	17%	25%	16%	12%	27%	29%
減った	24%	28%	37%	18%	38%	50%

2020年調べ　出典：ICT総研

▶ 急速な拡大を見せるショートムービー市場の実情

　ここまでTikTokについて言及しましたが、次は少し範囲を広げてショートムービー市場に目を向けてみましょう。現在、TikTokの成功を受けて、ほかのSNSでもショートムービー・プラットフォームが続々と誕生しています。

　YouTubeでは2020年9月よりShortsという1分以内の縦型短尺動画を投稿できるプラットフォームを開始し（日本では2021年7月より開始）、YouTubeアプリを使えばアプリ内でTikTokのような動画を作成し、そのまま投稿できるようになりました。

Instagramはその1カ月前の2020年8月、15秒〜1分の動画が共有できるReelsを開始。しかも、Instagram社から「今後は動画が中心となる」といった旨の発言がされるなど、今後ますますショートムービー市場が活性化するのは明らかです。

各ショートムービー・プラットフォーム比較

グローバル企業（世界で展開）					
ショートムービーファースト			SNS・動画プラットフォーム機能拡張型		
TikTok （ティックトック）	**Likee** （ライキー）	**Triller** （トリラー）	**Reels** （リール）	**Shorts** （ショート）	**Snapchat** （スナップチャット）
MAU （月間アクティブユーザー） 6.9億	1.5億	6,500万	10億	20億	2.5億 （DAU）※MAU非公開
本社所在地 🇨🇳	🇨🇳	🇺🇸	🇺🇸	🇺🇸	🇺🇸
楽曲数 ◎	△	◎	◎	―	―
特徴 ミーム文化コンテンツ供給力【高】	ライブ配信や、投げ銭機能を搭載	楽曲を広めたいアーティストの試験場	インスタの世界観を重んじた投稿が多い	YouTube機能拡張、インテスト開始	動画に音楽を付けられる機能の計画を発表

出典：ビジネス インサイダー ジャパン
2020年11月時点

ショートムービー市場が急拡大している背景を考察すると、これはあくまでも僕の仮説ですが、**情報過多の現代においてより短い時間でより濃い情報を得たいというニーズが高まっている**からではないでしょうか。

かつては、情報を取得するメディアといえばテレビが圧倒的な存在感を示していましたが、今はインターネットがそれに代わりつつあり、

さらにスマートフォンやSNSの浸透によって、情報量が爆発的に増えました。

　これからも、スマートフォンやタブレットの全世代利用、5Gなどの通信回線の進化やメガネ型のデバイスの普及などが進むと、情報はどんどん増えていくことが容易に予想されます。

　そうしたとき、人間の時間は限りがありますから、情報爆発社会こそ動画で効率的に情報を得たいと思うのは当然です。

　動画はテキストの5,000倍の情報を含むと言われており、短時間で多くの情報に触れられます。なんと1分間の動画はWebサイト3,600ページ分の情報に値するそうです。

国際的なデジタルデータ量

●国際的なデジタルデータの量は、
　2010年時の988エクサバイト（9880億ギガバイト）から約40倍増加し、
　2020年には約40ゼタバイトへ拡大する見込み。

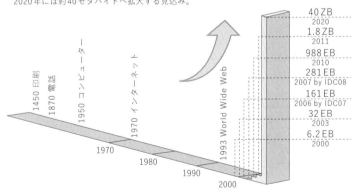

出典：総務省「ICTコトづくり検討会議」報告書

活字離れが進んでいるとまでは言いませんが、**情報収集手段としてテキストではなく動画を自然に選ぶ人が増えている**のです。

　ニュースを知るにしても、新聞記事を読むより要点が簡潔にまとめられたニュース動画を見た方が短時間で深く理解できます。中田敦彦さんの「中田敦彦のYouTube大学」が人気を集めているのも、本を読むより面白く分かりやすく解説してもらえるからというのがきっと理由の1つにあるのではないでしょうか。

　こうしたテキストから動画への流れは各分野で広がっていて、例えば、コスメや髪型のハウツーなどを動画で紹介する「C CHANNEL」（シーチャンネル）が人気を博したり、料理のレシピを調べるのにテキストベースのレシピサイトではなく、動画でレシピを紹介してくれる「kurashiru」（クラシル）を利用したりと、言葉だけでは得られない情報量を短時間で取得できる動画のニーズが非常に高まっているのです。

▶ 広告収入を意識した長尺動画の落とし穴

　ちなみに、YouTubeはクリエイターの報酬を還元する仕組みを広告収入のレベニューシェアという形で実現しました。

　これにより、クリエイターは動画の中にいかに広告を入れ込めるかを意識するようになったのです。広告によって視聴者が感じるストレスとコンテンツの満足度を考えると、ある程度の動画の長さが必要になり、広告収入のためには動画は10分以上あるべきだ、といったクリエイターの報酬先行型の動画尺になったのです。

そこに現れたのがTikTokでした。15秒〜1分（今では3分まで投稿できるようになっています）という短尺動画をスマートフォンにぴったりの縦長のフォーマットでサクサク見られる気軽さが人気を呼びました。

この人気は、移動中や隙間時間を含めて、いかに効率的に情報収集するかを無意識に重視する現代人にとって当然の結果だと捉えています。

クリエイターはYouTubeでは広告収入のためにあえて情報を継ぎ足してある程度の尺を担保しますが、**そういった報酬体系のないTikTokでは、見られることを純粋な欲求として、可能な限り情報を削ぎ落としました。**

結果的に、尺に対して情報濃度の濃い要約的なコンテンツが増えることになったのです。

実際、YouTubeの動画を視聴する人の中には、1.5倍速や2倍速にして、なおかつ要点だけ知りたいため、ところどころスキップしながら見るという人も少なくありません。

そのようなユーザーからすると、**短尺のうちに面白さや情報がまとめられているTikTokは、効率的なエンターテインメントメディアであり情報源でした。**

今後も情報が増え続けることを踏まえると、情報や面白さを短尺に簡潔にまとめたコンテンツの人気はより高くなっていくでしょう。

こうした情報濃度の高いショートムービーが求められるニーズに対し、クリエイターも無視できない状況になっていると言えます。

Web上にさまざまなコンテンツが大量に溢れている現在では、ユーザーが情報を取捨選択する目もよりシビアになっているからです。

　何か調べ物をするときに、そのことについて解説してくれる動画を見つけたとして、視聴し始めたものの、ダラダラと説明していたり、関係のない話が差し込まれたりしていたら、きっとユーザーはその時点で視聴をストップし、ほかの動画を検索してしまうでしょう。

　クリエイターは途中離脱を防ぐため、さらに簡潔にポイントを絞って動画を制作するようになります。

　まさに、ショートムービーの増加に拍車をかけるスパイラルが生まれているのです。

▶ マルチチャネル化がクリエイターの勝ちパターン

　次に、ショートムービー市場におけるクリエイターの状況を見てみましょう。

　数あるショートムービー・プラットフォームの中では、TikTokが最も強い影響力を持つ動画メディアであるため、TikTokで活動しているクリエイターが以前にも増して注目を集めています。

　例えば、じゅんやさん（@junya1gou）はTikTokでフォロワー3,900万人を超える人気クリエイターですが、2020年8月からYouTubeも始め、同年にはさまざまな芸能人のYouTube開設があった中、2020年に一番伸びたYouTuberとなりました。なんと動画の総再生回数もNo.1という偉業を達成しています。

じゅんやさんが取った手法は、**TikTokで人気になったコンテンツをYouTube Shortsに転載し、さらにコンピレーションの形で数分の通常コンテンツとしてもまとめなおしたことで、マルチチャネル化**し、収益を拡大させました。

また、逆のパターンも事例が多々生まれています。

過去には2ちゃんねるを作り、今さまざまなメディアでコメンテーターとして活躍するひろゆきさんは、YouTubeでライブ配信を行い、その動画を切り抜きとしてTikTokやYouTube上で転載することをファンに許可しました。

そしてさらに、それらの切り抜きクリエイターに広告収益を還元したのです。これにより、**ファンの気持ちに経済合理性が相まった切り抜きクリエイターたちは、ひろゆきさんの切り抜きコンテンツを一気に増やしました。**よいコンテンツを不正に転載して悪意的にトラフィックを稼いでいた時代から、合法的に善意で行うことができるようになったのです。

このような長尺コンテンツから短尺コンテンツへの切り抜き手法は、人気YouTuberのヒカルさんや青汁王子こと三崎優太さんも取り入れ、YouTuberのメインストリームへとなりつつあります。

● ショートムービーをめぐるクリエイター側の事情

このように、デジタル上でコンテンツを発信するクリエイターは、**今や単一のプラットフォームで発信するだけでなく、マルチチャネルに発信することが勝ちパターンとなっています。**ショートムービーク

リエイターも、TikTokだけでショートムービーを配信するのではなく、ReelsやShortsへと展開し、広くファンを獲得する時代なのです。

　この流れに応じて、各プラットフォーム側でも、面白いコンテンツを作るショートムービークリエイター向けにクリエイターファンドといった基金を設立するなど、人気クリエイターをいかに取り込めるかといった動きが活発化し始めています。

　ただ、問題点として、プラットフォームごとの機能が違ったり、使える音源が異なったりしているため、スムーズにショートムービーのマルチチャネル化が進んでいるとは言えません。実際、私もTikTokとInstagram、YouTubeのアカウントを持っていますが、単純にTikTokの動画をReelsにあげなおすことでも音源の観点から難しいものもあります。そして実際、マルチチャネル化は非常に面倒くさい作業です。

　もっと言えば、中国版のTikTokであるDouyinや、北米中心に人気のSnapchat（スナップチャット）でもショートムービー機能があり、クリエイターは適切に海外展開もすべきではあります。ただ、翻訳なども求められなおさら大変になるため、ほとんどのクリエイターが手出しをしていません。

　このように、現状ではおよそ8割のクリエイターがTikTokならTikTokだけというように、プラットフォームを限定している状況だと感じています。

　ですから、今後の課題としては、**ショートムービーのマルチチャネ**

ル化をどのように推し進めるか、クリエイターのみではなく各プラットフォームや周辺のプレイヤーも含めて戦略を立てる必要があると考えられます。

　ちなみに、この周辺のプレイヤーとは、広告代理店や、クリエイターの活動をサポートするMCNと呼ばれるデジタル版の芸能事務所のような存在です。

　現在、ショートムービーのプラットフォームでは、**YouTubeにおけるアドセンス（広告収益）のように再生回数に応じで収益が挙げられる仕組みがありません。**先述したクリエイターファンドもまだまだ狙って獲得できるものとは言えず、現状では、各クリエイターが広告案件を取ってこなければマネタイズできないという状況になっています。

　仮に人気がすごく高まり、多くの人から注目を集められるクリエイターになれれば企業から広告案件を直接依頼されることもありますが、その場合においても、クリエイター自身が個人でやっているとクライアント企業に対して上手く交渉できなかったりとさまざまな問題が発生します。

　さらに、クリエイターとしては、そうした煩わしいことは誰かに任せて、自分はクリエイティブに専念したいというのが本音でしょう。そこで、最初にご紹介した僕が代表を務めるPPP STUDIOのような**クリエイターのサポートを行うMCNという事業体が近年増えています。**

　現在、YouTuberを対象としたYouTube公認MCNはUUUM（ウーム）やクリーク・アンド・リバーなど、日本では数社となって

いますが、TikTokのMCNは80〜90社近くあるとされていて、各社がクリエイターに代わって広告案件の営業活動を行うだけでなく、**クリエイターのブランディング戦略やコンテンツの方針をサポートする**といったコンサル事業を行っています。今後は、先ほど話したようなマルチチャネル化をいかにサポートするかもメインテーマになっていくでしょう。

　ショートムービー市場はまだ黎明期と言える時期のため、MCN各社もクリエイターをサポートするための最適解をそれぞれ持っているわけではなく、非常に変化の激しい業界となっています。

第3章のまとめ

・「おすすめ」フィードがあるショートムービー・プラットフォームが「認知」に効果的

・TikTokは短期間で30億ユーザーを獲得して今まさに急成長中

・TikTokがテレビに代わる「共通の話題」を提供してくれた

・コンテンツが多様化し、視聴者の層も急速にエイジアップが進んでいる

・ReelsやShortsといったショートムービー・プラットフォームが誕生

・長尺の動画よりも短尺の動画が今、人気になりつつある

・1つのプラットフォームではなくマルチチャネル化することがクリエイターにとって大事

・TikTokにはGoogle AdSense（グーグル・アドセンス）のような再生回数に応じた広告収益がないため、クリエイターにとってはタイアップ広告の案件獲得がマネタイズする上で重要

SHORTMOVIE
MARKETING

第 **4** 章

TikTokから生まれる

高い広告効果

▶ 企業が今のうちにTikTokアカウントを作るべき理由

コンテンツの多様化やユーザーのエイジアップに伴い、**ビジネス目的でTikTokを利用する企業・個人が急激に増えています**。自社の商品やサービスをショートムービーにして紹介するのはもちろんのこと、企業の人事、特に採用目的でTikTokを活用するケースも散見されるようになりました。

例えば、会社の特徴をユニークなショートムービーで紹介したり、社長自ら出演し、自身の考えや求めている人材を語ったりするものもあります。さらには、企業に限らず、個人でもビジネス目的でアカウントを開設する人が増え、TikTokで人気を高めて自身のオンラインサロンへ誘導するほか、自らブランドを立ち上げ、小売などの流通を介さずに直接消費者に商品を販売するP2C（Person to Customer）を展開するといった事例も増えています。

TikTokがビジネスに向いているのは、TwitterやInstagramに比べてフォロワーを増やすことが容易である点が挙げられます。

例えば、ビジネス目的で自社のSNSアカウントを開設したら、まず取り組むべき課題は、いかに短期間でフォロワー数を伸ばすかということです。そうしないと、いくら自社アカウントからさまざまな情報を発信しても、フォロワー以外にはなかなか情報が届かないため、運用初期は思うように効果が見込めないという課題があるのです。

それに加えて、TwitterやInstagram、YouTubeなどは、すでに自社アカウントを有している企業が多いだけでなく、人気タレント

や一流アスリートなどもアカウントを持っていることが多く、そのように面白いコンテンツ・有益なコンテンツを発信する競合が多い中で自社のアカウントのフォロワー数を伸ばすことは非常に骨が折れる作業と言えます。

　一方TikTokは、先ほどから説明している通り、レコメンドフィードのアルゴリズムに沿って紹介されやすい良質なコンテンツを作ることができたら、自然と再生回数が増え、その結果、フォロワーの獲得数もほかのSNSより短期間で伸ばすことが可能です。

　実際、僕たちの会社でもいろいろなSNSアカウントをサポートさせていただいていますが、フォロワーの伸び率は圧倒的にTikTokが高いという結果が得られています。しかも、まだTikTokで自社アカウントを持っている企業は少ないため、差別化も図りやすくなっています。今のうちにアカウントを作っておくことで、先行者利益を得ることが可能です。

　また、TikTokで評価されるコンテンツは、Instagram Reels、YouTube Shortsでも評価されやすく、視聴が伸びやすい傾向にあります。そのため、まずTikTokで勝ち筋を見つけ、他のショートムービー・プラットフォームに展開することで、企業アカウントもマルチチャネルで伸ばすことが可能なのです。

▶ TikTok発のコンテンツが新しいトレンドを作る

　そもそも、リリース直後のTikTokには広告メニューがなかったため、企業側からしたらビジネスに利用するものではなく、趣味の延長

として使われるプラットフォームだという印象があったでしょう。プラットフォームサイドも、初期はマネタイズよりまずユーザー数を増やすことに重きを置いていたのだと推測します。

　そして、**順調にユーザー数を増やし、人気を磐石（ばんじゃく）なものにしてから徐々に広告メニューを投入し、それに伴ってビジネス目的で利用する企業が増えました。**

　それからというもの、まだ数年の歴史にもかかわらず、TikTokをきっかけにヒットした商品が次々と生まれるようになりました。現在では**TikTokで話題になった商品が棚から消える「TikTok売れ」**というキーワードも『日経トレンディ』が発表している「2021年ヒット商品ベスト30」の第1位に選ばれるほど、ヒットの震源地になりつつあります。

　例えば音楽業界では、倖田來未（こうだくみ）さんの『め組のひと』は、TikTok内で流行したことで、2010年にリリースした楽曲でありながら2018年にLINE MUSICのデイリーランキング第1位を獲得しました。そのほかにも、DA PUMP（ダ・パンプ）さんの『U.S.A.』のダンスがTikTokに溢れたり、瑛人（えいと）さんの『香水』の歌ってみた動画がTikTok内でも流行するなど、TikTokが楽曲をヒットさせる一翼を担ったのです。

　そうした流れを受け、**音楽業界でTikTokがヒットを後押しする存在として脚光を浴び、その成功体験から他の業界でも同様に注目され、TikTok発のヒット商品がいくつも生まれていきました。**

　広告代理店の力学として、代理店の売上を最大化するために、大きい効果が見込める広告プラットフォームにリソースを割くものですが、さまざまな事例を受けて広告代理店内にTikTokに注力する部署ができたり、広告代理店が提案するマーケティング施策にTikTokが

組み込まれたりするようになりました。TikTokのビジネス利用が急加速しているというのが、現在のトレンドと言えます。

▶ 認知から購入までつなげるのが現在の主流

　ビジネス目的で利用すると言っても、具体的にどのような広告が打たれているのかを紹介しましょう。

　TikTokの代表的な広告と言えるのが、広告メニューの1つである**ハッシュタグチャレンジ**です。これは企業がお手本となる動画を作り、多くのユーザーがそれを真似して似たような動画をあげることで一気に投稿数を増やして話題化させるという手法で、「認知」の拡大に大きな効果をもたらします。

ハッシュタグチャレンジの仕組み

告知

●#Challengeを告知

TikTok広告、エフェクトパネルや発見ページから、チャレンジページに誘導。
・Top View
・インフィード広告
・エフェクトパネル
・発見ページ

●TikTok クリエイターが投稿

クリエイターの投稿から「#Challenge」に接触、チャレンジページに誘導。

「#Challenge」ページに集約

チャレンジページからキャンペーン概要を見たり、公式動画・他ユーザーの投稿に接触。

参加・拡散

●ユーザーがChallengeに参加

TikTok ユーザーが、チャレンジの動きやエフェクトを使って、ブランドの「#ハッシュタグ」をつけた動画を投稿。

↓

さまざまなユーザーに拡散される。

TikTokをはじめとする各SNSで投稿・拡散される	他SNSでシェア **207**% ※主要プラットフォーム3社平均比較

そのほかに「認知」拡大の施策として最近増えているのが、TopViewと呼ばれる**起動画面にTikTokのフォーマットに合わせた広告を作って多くのユーザーに配信する手法**や、TikTok内の人気クリエイターとコラボをするインフルエンサーマーケティングです。

　また、企業が自社のアカウントを作って情報を発信することも「認知」拡大に効果的な手法の1つと言えるでしょう。

　これらの手法がTikTok内における広告の主流であるため、TikTokは「認知」拡大に強いプラットフォームであると説明されるケースもありますが、実際には、**「認知」ファネルだけにとどまらず、「比較・検討」「購入」ファネルを狙うのも**常套手段となっています。

　例えば、Facebook広告やTwitter広告でも主流の運用型のインフィード広告を活用して、商品の特徴をしっかりと説明し、LP（ランディングページ：商品を詳しく紹介するページ）に誘導したり、インフルエンサーマーケティングにおいても実際に使ってよかった点を詳しく説明してもらったり、どこで売っているかを伝えてもらったりすることで、購入につなげているのです。

　さらに、TORIHADAが調査会社のマクロミルと行ったアンケートでは、「SNSで商品／サービスの購入や申し込みをする際に参考にする投稿は？」という質問に対し、**59.3％の人が「1分以内のショートムービー」**と回答しており、「認知」や「比較・検討」に加えて「購入」に直結していることも確認できました。

　TikTokは特有のレコメンドフィードから「認知」に強いプラットフォームですが、「比較・検討」や「購入」ファネルに関しても適し

たプラットフォームとして、いっそうの注目を浴びています。

SNSと商品購入に関するアンケート結果

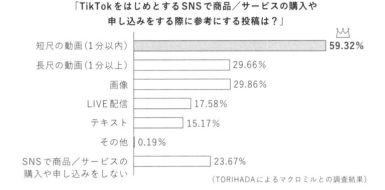

「TikTokをはじめとするSNSで商品／サービスの購入や
申し込みをする際に参考にする投稿は？」

項目	割合
短尺の動画（1分以内）	59.32%
長尺の動画（1分以上）	29.66%
画像	29.86%
LIVE配信	17.58%
テキスト	15.17%
その他	0.19%
SNSで商品／サービスの購入や申し込みをしない	23.67%

（TORIHADAによるマクロミルとの調査結果）

▶ TikTokの広告効果

とは言え、まだまだ歴史も浅いため、「TikTokの広告案件が増えているのは分かるけど、実際に効果はあるのか」と不安に思っている読者の方も多いと思います。

今年「TikTok売れ」がヒット商品第1位を獲得したと紹介しましたが、『日経クロストレンド』の2021年8月18日の記事を見ると、大塚製薬が発売している炭酸飲料「ファイブミニ」の売上が日販平均で約2倍に伸びたと言います。その人気の理由はTikTokにありました。「のんだ次の日スッキリ」とおなかの調子に効果があった投稿によってTikTok内で話題は広がり、ある有名インフルエンサーがオリジナルドリンクを考案したことでこの流れに拍車をかけます。気づけば、「#ファイブミニ」がついた動画の視聴回数は2021年8月の段階で

2,000万回を超えたそうです。

　一見、「本当に？」と疑ってしまいそうな事例ですが、この「TikTok売れ」の流行は、日々インフルエンサーマーケティングに携わっている僕たちも肌で実感しています。

　実際にTikTokでどのような広告が配信され、どのような成果を得ているのかをお伝えするために、僕たちが制作に携わった実例の一部をご紹介します。

【事例①】
薬用せっけんミューズ
（レキットベンキーザー・ジャパン株式会社）

手法：ハッシュタグチャレンジ
成果：投稿者数3,000人以上／合計再生回数7,000万回

　新型コロナウイルス対策の一環として、手洗い体操を世界で展開したソーシャルキャンペーンの日本展開を担当。手洗いの4ステップを楽曲に合わせたダンスと組み合わせ、正しい手の洗い方を啓発するための「手洗い体操」を考案し、TikTokの広告メニューであるハッシュタグチャレンジを活用して、インフルエンサーなどに「手洗い体操」の動画を投稿してもらいました。

　その結果、**多くのユーザーが「手洗い体操」を真似して、投稿者数が3,000人以上となり、合計再生回数も7,000万回を超えるほど拡散されました。**

　この広告の場合、薬用せっけんミューズはすでに認知度の高い商品でしたが、こうした啓発活動を発信するということで、企業の好感度

アップにつながりました。

【事例②】
アイトーク ワンタッチアイテープ
（株式会社コージー本舗）

手法：インフルエンサーマーケティング
成果：いいね数10万／コメント数400件／総再生回数160万回

　美容系クリエイターであるSON AMI（@sonami_0511、543.1K
フォロワー）を起用して商品のハウツー動画を制作し、自身のアカウ
ントから発信してもらいました。
　これは、PR投稿といってインフルエンサーマーケティングの1つ
ですが、普段からクリエイターが発信しているフォーマットに馴染む
形で動画を制作したため、**投稿から2週間で総「いいね」数10万、
総再生回数160万回超え、コメント数400件と高いエンゲージメン
トとなり、店舗での売上アップまでを実現しました。**
　この投稿を行ったとき、起用したインフルエンサーのフォロワー数
は20万人くらいだったのですが、結果としてフォロワー数の8倍も
の再生回数を記録し、高い拡散性を有するTikTokらしさを上手く活
用できたと言えます。

【事例③】
アンレーベル
（株式会社JPSラボ）

手法：PR投稿＋インフィード広告
成果：総いいね7万件以上／合計再生数55万回以上／
コメント1678件／エンゲージメント率13.5％

　女性から絶大な人気があるクリエイターなえなの（@naenano、
3.3Mフォロワー）を起用し、保湿化粧品の紹介を行いました。テロップ
で商品の良さを訴求しつつも、通常クリエイターが行っている投稿
の形に添った動画にしたことで、ポジティブなコメントが多く、商品
の購買意欲を示すユーザーの反応が得られました。
　ターゲットに刺さる適切なキャスティングにより、認知拡大・購買
貢献を達成し、某全国チェーンのドラッグストアの売上が昨対比
120％に向上しました。

【事例④】
ラクオリ リキッドフィルム2
（株式会社エリザベス）

手法：インフルエンサーマーケティング
成果：いいね数13万／コメント数670件／総再生回数150万回

　あるあるネタを得意とするたまちゃん（@tamapon08、422.6Kフォ
ロワー）を起用し、二重メイクにおけるあるある動画を自身のアカウ
ントから発信してもらった事例です。普段の投稿フォーマットに沿っ
た形で商品訴求ができたことで、PR感を感じさせないクリエイティブ
となり、ポジティブなコメントが多く見受けられました。
　またTikTokの特徴の1つでもあるユーザー同士のコメントの掛け

合いの中で、商品購入をおすすめするようなコメントも多く発生しており、認知拡大と購入促進を両立できたプロモーション事例と言えます。このPR施策によって、ECサイトへの検索エンジン流入数が施策前と比較して約3倍増加しました。

【事例⑤】
PUBG
（PUBGJAPAN株式会社）

手法：アカウント運用
成果：フォロワー数1.5万⇒14万

　現実の世界でゲームの世界を体現する「実写版ゲーム実況」で大きな話題となったクリエイター駒沢アイソレーション（@kmzwisolation、1.2Mフォロワー）と、kahoko（@kaho7911、2.1Mフォロワー）を起用し、PUBGの世界を体現するという形式でUGCを投稿。ゲーム内のエモートなども投稿しファンから熱いコメントが集まりました。
　クリエイター起用前の動画再生数は数千〜数万程度でしたが、クリエイター起用時はアカウントで初の100万回再生を越える動画も生まれ、公式アカウント運用開始から3カ月でフォロワーは約10倍の14万人を突破しました。

● 正しくPDCAを回すにはマーケターのセンスが問われる

　これまでTikTokにおけるマーケティング施策を数多く行ってきま

したが、**大事なポイントは、しっかりと目的やターゲットを明確にし、それに合わせて利用する広告メニューを選び、コンテンツの内容を決めること**です。

　例えば、インフルエンサーマーケティングの非常に難しいところは、TikTokに限った話ではありませんが、広告の成果を正確に計測できないところです。

　通常、インターネット広告の計測は、計測URLなどの計測ツールを設定することによって行いますが、インフルエンサーのアカウントから投稿したものは一部（TwitterやInstagramのStoriesなど）を除き計測ツールを設定することができません。したがって、成果を計測するためには、投稿前後の売上の変化を見るか、プロモーションコードを投稿ごとに発行して（例えば、化粧品であれば初回購入3,000円のところを投稿内で紹介したキーワードを入力すれば2,000円になるといった施策をする等）、どの投稿からの注文が多かったのかを測定するしかありません。また、そのプロモーションコードの設定自体、許容されていないプラットフォームもあるといった状況です。

　そのため、しっかりと広告効果を計測する場合には、インフルエンサーマーケティングに加えて、**インフルエンサーマーケティングを通じて得られたUGCをインフィード広告のクリエイティブに設定し、インフィード広告を併用することが一般的**になっています。

　ショートムービー・マーケティングの基本は、マーケティングのそれと同様、**広告の成果をしっかりと評価・分析し、その結果を次の施策に活かすといったPDCAをいかに回すか**です。動画のUGCの場

合は、PDCAを回すことが静止画よりも難しくなります。それは、静止画に比べて、検証すべき要素が増えるためです。

　例えば動画UGCの要素として、出演インフルエンサー、起承転結の構成内容、商品の訴求はコンテンツ内のどのタイミングで行っているか、コンテンツの導入部にインフルエンサーが登場しているのか、それとも商品が最初に写っているのかなど、静止画UGC以上にさまざまな要素に分解されます。

　1つ1つのコンテンツの要素を適切に分解し、それと計測できた成果を照らし合わせ、その分析によって得られた仮説を次の施策で検証することを繰り返す中で、徐々にインフルエンサーマーケティング×インフィード広告のノウハウが蓄積されていくのです。

　まさに、**マーケターのセンスが問われる領域**だと言っていいと思います。

▶ きれいに作られた広告ではなくオーセンティックなコンテンツを

　また、Adobeの事例で紹介したように、**企業が制作する広告より、ショートムービークリエイターが独自に制作したCGC（TORIHADAでは、Creator Generated Contentsの頭文字を取ってCGCと呼んでいます）の方が効果が高い傾向**はさまざまなところで見て取れます。

　〝効果〟の内訳ですが、視聴完了率が高くなる傾向にあります。そもそもTikTokは、エンターテインメントプラットフォームとして、面白いコンテンツに期待してユーザーが開くアプリです。そのため、広告色の強いコンテンツより、エンタメ性の強い面白いコンテンツの方

が見られやすくなるのは当然のことと言えるでしょう。

　また、〝効果〟のもう１つの側面は、購入率や企業・商品・広告への好意度などです。第２章で「生の声」が重視されるという話をしましたが、クリエイターのお墨付きが広告効果を後押しすることに加えて、広告の嘘くささを嫌う傾向が消費者の中に出てきているからだと考えています。**加工ばかりでリアリティを失った世界、きれいによいところばかり言われる広告などからの揺れ戻し**と言ってもいいかもしれません。

　つまり、企業から一方的によいところだけが表現される広告よりも、**共感できるクリエイターが客観的かつリアルに商品を紹介する動画の方が参考になる**のです。オーセンティックなコンテンツが心を動かすということです。

　そのため、インフルエンサーマーケティングやインフィード広告のUGC・CGC制作においても、ユーザー・クリエイターが普段投稿しているフォーマットに則（のっと）って、インフルエンサーの感性のまま制作したコンテンツの方が、視聴完了率が高く、再生回数も伸びる傾向があります。

　また、第３章でも紹介しましたが、クリエイターの中にはフォロワーが広告を嫌うということを気にして、いかにも広告っぽいコンテンツを制作するのを嫌がる人もいます。

　例えば、普段の投稿でコメディタッチで英会話をしているクリエイターに依頼するなら、そのフォーマットに商材を当てはめるコンテンツを制作してもらうなど、クリエイターの希望に寄り添わなければ、そもそも依頼を受けてはもらえないでしょう。

従来の広告制作では、クライアントの要望が最も強く、制作側はクライアントの意向に沿ってコンテンツを制作していましたが、ショートムービー・マーケティングの勝ちパターンであるインフルエンサーマーケティングやCGCのインフィード広告活用においては、それが当てはまりません。とはいえ、クリエイターの希望に寄り添うことで、従来の広告では得られない成果を挙げることができるのです。

　例えば、**クリエイターがうまく自分のフォーマットに商材を当てはめて創った面白い広告コンテンツに、フォロワーから「こんなに面白いPRならもっと見たい」といったコメントが寄せられることも度々あり、従来の広告では考えにくい好感度が得られている**のが見て取れます。

UGC、CGC、PGCの比較

	UGC	CGC	PGC
作り手	ユーザー ※ショートムービプラットフォームを利用しているもののフォロワーや再生回数が少ない、または投稿が少ないユーザー (User Generated Contents)	クリエイター ※ショートムービプラットフォームにおけるインフルエンサー (Creator Generated Contents)	制作会社 (Professional Generated Contents)
プラットフォーム上での既視感・親近感	×	◯ 既にTikTokで一定の認知を獲得した人やコンテンツフォーマットのため、親近感が強い	△ 単に制作するだけではコンテンツとしての既視感は無く、有名TikTokerのキャスティングが必要
オーセンティシティ・生っぽさ	◯	◯	△ 工夫しなければ広告色やプロっぽさが強くなってしまう

また、複数のクリエイターにそれぞれのフォーマットに沿ったコンテンツ制作を依頼すれば、クリエイターそれぞれが感じたさまざまな切り口で商材の魅力を訴求できるため、まさに嗜好が多様化したSNSの時代に合っていると言えます。

　ショートムービー・マーケティングで最も大事なのは、視聴者の反応です。自分の視聴者やフォロワーのことを熟知しているクリエイターの好きなように制作してもらうのも、高い成果を挙げるために大切なことなのです。

▶「見えないリスク」をどう回避していくか

　さらに、インフルエンサーマーケティングを行う際に重要なポイントは、**直近のトレンドを踏まえてコンテンツを制作すること**です。

　当然のことながら、過去に大きな人気を誇ったインフルエンサーであっても、直近の投稿の再生回数が落ちているようであれば期待通りの効果は望めませんし、**一見バズっているように見えるクリエイターでも、中にはバズっていない動画は消しているケースもある**のです。

　企業の広告としてクリエイターを起用する場合には、そうした表面上見えないリスクや、炎上リスクも考慮しなければいけません。クリエイターは、芸能事務所に所属しているタレントに比べて事務所との契約が緩いケースも少なくないので、本当に信頼できるクリエイターなのかは慎重に見極めなければなりません。

　この炎上リスクに関しては、しっかりとしたMCNに所属するクリエイターを起用するとか、広告代理店に入ってもらい、企画の段階か

らクライアントとクリエイターのすり合わせを行い、制作したコンテンツも投稿前に代理店やクライアントにチェックしてもらうことで一定の対策が取れます。

　この方法では、広告代理店が入ることによってコストが余計にかかることになりますが、炎上リスクを極力抑えることができ、さらに、広告代理店がきっちりと進行を管理するため、スケジュールの遅れや、期待していた投稿内容ではなかったというリスクも抑えることができます。

▶ まだまだ失敗を恐れずにチャレンジできる

　先ほど、インフルエンサーマーケティングは効果の計測が難しいことを説明しましたが、それに伴い、現段階では**成果を予測することも非常に難しいマーケティング手法**と言えます。

　実際、僕たちが制作したコンテンツの中にも期待通りの成果を挙げられなかったものもありますし、反対に、予想を大きく超える成果を挙げたものもいくつもあります。特にTikTokのインフルエンサーマーケティングにおいては、レコメンドフィード主体のため、ほかのSNSに比べて、ある意味で宝くじ感が強いと言えるかもしれません。

　それでも、その拡散性の高さから、他のSNS以上の費用対効果は期待でき、**企業の広告予算がほかのSNSからTikTokにシフトしている動きがある**のです。

　なぜなら、YouTubeやInstagramでのインフルエンサーマーケティングの案件は非常に多く、有名なインフルエンサーはすでに多くの広告案件を抱えているといった状態で、広告単価も上昇傾向にあります。

その上、レコメンドフィードメインではなく、原則フォロワーにのみ見られるといった制限があります。

　一方でTikTokは、TikTokで有名になったクリエイターが多く、YouTubeやInstagramの状況とはまったく異なっています。まだまだ広告案件は少なく、ほかのSNSに比べて広告単価も安く抑えられますし、レコメンドフィードによってフォロワー以外にも視聴されるため、費用対効果の観点から見ても、今最も注力すべきSNSプラットフォームはTikTokであると言えるのではないでしょうか。

第4章のまとめ

- TikTokはフォロワー外にも動画が拡散するためフォロワーが増えやすい
- ショートムービー市場が拡大しているにもかかわらず、いまだブルーオーシャン
- TikTokから流行が生まれるのでビジネスが広がるチャンス
- TikTokは「認知」に強いが今では「購入」までつなげられる
- インフルエンサーマーケティングの活用で数々の企業が「認知」に成功
- PDCAを回すことでより確率の高いマーケティングができる
- SNS広告では、「いわゆる広告」っぽいイメージをなくすオーセンティックなコンテンツにすることが今のトレンドである
- TikTokは費用対効果が非常にいい

SHORTMOVIE
MARKETING

TikTok重視!
アパレルのSNS戦略

対談:工藤朱里×若井映亮
（atmos pinkバイヤー）

アーリーアダプターがメインターゲットであるファッション業界では、いち早くSNSマーケティングが強化され、ここ数年で人気を高めているTikTokもすでに導入し、商品の購入に結びつける構造が実践されている。ここでは、スニーカーを中心に販売を行い若い方を中心に絶大な人気を誇る「atmos」のバイヤーである工藤朱里さんを迎え、独自のSNS戦略を聞いた。

人気モデルよりも有名インフルエンサーの方が売れる

若井 今回、工藤さんに対談をお願いしたのは、先日、弊社に所属しているクリエイターの聖秋流がatmos（アトモス）さんとコラボさせていただいたというご縁からです。

　atmosさんでは、いろいろなインフルエンサーマーケティングやデジタル戦略をされていますが、その中で聖秋流を起用しようと思われた理由はどういったものだったのですか？

工藤 PPP STUDIOさんへご挨拶させていただいたときに聖秋流ちゃんを紹介していただきました。恥ずかしながら、実はそれまで知らなかったんです。

　弊社はスニーカーのセレクトショップで、毎日のように各ブランドから新しいスニーカーがローンチされるので、常にクリエイティブを撮影しています。それで、ナイキさんやアディダスさん、プーマさんなどのタイアップをするときは雑誌モデルや女優さんなどをブッキングすることもありますけど、**今、最も反響が多いのはインフルエンサーを起用したときです。**

若井 そうなんですね。

工藤 面白いのが、例えば、今はテレビにも出て活躍しているインフルエンサーが売れる前にコラボしたことがあったのですが、その人がメジャーになってからもう一度コラボしたんですね。すると、まだ売れていない時期の方が反響が大きかったんです。おそらく、メジャーになったことでファンが離れたり、有名になることで無名の頃より広告の匂いが出てしまったりしたのが影響したのでしょう。

　ユーザーにとっては、メジャーというより身近な存在ということが重要で、「親近感を抱く人が履いているスニーカーだから私も欲しい」とか、「自分にも取り入れられるかも」って考えるんです。だから、今は雑誌モデルよりTikTokやInstagramで活動しているインフルエンサーの方が確実に売れるというのがあります。聖秋流ちゃんの場合も、ご紹介いただいてTikTokやInstagramを見たら面白いし、うちの洋服が合いそうだと思ってお声がけしました。

若井 反響はいかがでしたか？

工藤 まず撮影のときからすごくて、原宿で撮影したのですが、みんな知っているんですよね。東京に住んでいないことも知っていて「なんでここにいるの？」って声も聞こえたりして。その後、撮影したものをInstagramにあげたときも大きな反響で、やっぱり、これまでにどこかのブランドのビジュアルイメージをあまりやってこなかったのが大きいのかもしれません。広告の匂いがついていないから、より反響が大きかった。

若井 そうですね。確かに、たくさん広告をやっている人だったら、見ても「またか」って思われるかもしれませんね。

工藤 たぶん、ユーザーはしっかり気づいていて、TikTokクリエイターの方は日常の私生活を結構出してくれるじゃないですか。だから、**ファンも気づくんですよね、「この子は本当にこの商品が好きだと思ってやっている」とか。**

若井 確かに、明らかに広告だけど、それが本当に好きで自分の言葉で話しているのか、仕事と思ってやっているのか、すぐに見抜いてしまう。

工藤 あと、今の若い子たちはすごくしっかりしていて、いい意味ですごく自分を持っていると思うんです。だから、インフルエンサーを起用するときに、「ストーリーに軽くあげることは可能ですけど、広告はやらないです」と言われたりするんです。でも、そうはっきりと言ってくれるから、私たちも「依頼を受けてくれたということはatmosが好きなんだな」とか、「スニーカーが好きなんだ」と思えます。**ブッキングするときにブランドとの親和性をすごく重視している**ので、うちのブランドが好きそうな子とか似合いそうな子をキャスティングするようにはしています。

TikTokと他SNSとの組み合わせがプロモーションのカギ

若井 現在、atmosさんでは、プロモーションをしていく上でどの

ような戦略を行っているのですか。

工藤 atmosにはメンズとレディースがあり、どちらもとにかく面白いことをしたいという思いがあります。そのため、**さまざまなコラボを仕込んで面白いことをやってバズを作る**というのがメインですね。

　私が担当しているのはレディースのatmos pinkなのですが、最近では2次元と3次元を行き来するアイドルや声優とのコラボレーションなども行っています。

　また、特にatmos pinkとしてはダンサーとのコラボレーションなども強化しています。

　ナイキ、アディダス、プーマなどのスポーツブランドからスニーカーだけでなくアパレルも仕入れており、atmos pinkのオリジナルアパレルとのスポーツミックスコーデを提案しているのですが、やはりスポーツブランドさんとの取り組みの中でスポーツとの取り組みやサポートというのも欠かせないものとなっていて、私たちのファッションとスポーツを考えたところ、ダンスというところに落ち着きました。

　やはり今のダンサーは個性豊かでファッション大好きでスニーカーもダンサーには欠かせないということで、もっともっとスニーカーカルチャーを広めていくというところでも、親和性のあるダンスにスポットを当てています。

　さらに、2024年のパリ五輪ではブレイクダンスが正式種目になるので、オリンピックを目指しているダンサーのサポートを考えたり、ダンサーオーディションなども開催したり、撮影にもたくさん起用するようになっています。それで、ダンサーを探すのにTikTokはよく使っていますね。

若井　昔は自撮りのダンスという感じでしたけど、今はガチの人が増えていますよね。

工藤　めちゃくちゃ増えていますね。InstagramよりTikTokで活躍する方が多くなっていると思います。ダンサーに話を聞いても、意識的にTikTokでやっているらしくて、短くて見せやすいし、たくさん再生もされているそうです。

若井　実際にインフルエンサーやダンサーの方とお話される中で、TikTokの評判ってどうですか？　最近変わったとかはありますか？

工藤　そうですね、インフルエンサーがInstagramからTikTokに流れているというのは感じますね。さらに言えば、**今はTikTokとYouTubeがセットになってきている**ような気がします。TikTokをやっている子は、結構な割合でYouTubeもやっている。

　あと、若い子たちに話を聞くと、やっぱりTikTokはすぐ終わるから見やすいという声が多いですね。**今、TikTokで気になったものがあると、「きっとInstagramに詳しく載っているはず」と言って、そのままInstagramに飛ぶ子が多いです。**だから私たちも、ブッキングするときはTikTokクリエイターを起用して動画で視聴者の目を引き、Instagramでは商品説明をした上で弊社のWebに誘導させるような導線にしています。

　遠回りのようにも見えますが、結局、そのステップが最も早いと思います。本当に今の子は、たった15秒の短い動画でもしっかりと見て、そこから調べるんです。それがきっと普通なんですよね。

若井 でも、15秒の動画の中からatmosに売っているかどうかを調べるのって難しそうですよね。

工藤 でも、調べてくれるんです。ロゴが出ていることに気づいたら、そのロゴで調べたり。今の子たちはWeb検索を使わないですよね、GoogleとかYahoo!とか。**ランチのお店を調べるのもブランドを調べるのもInstagramで、検索エンジンとしてSNSを使っていますもんね。**

受け身ではなく主体的にSNSを活用する

若井 そうですね。つまり、TikTokで「認知」というか、最初の出会いを作って、そのあとにInstagramで詳しく調べると。そのときに見つけやすくするための工夫とかされているんですか。

工藤 それに関しては、ハッシュタグをめちゃくちゃつけています。1つの投稿で最低でも30個のハッシュタグをつけていて、あとは場所で探す子も多いので原宿など地名も入れるようにしています。**Instagramはもはや検索エンジンですから、どうやったら引っかかるかを考えながらハッシュタグを決めていますね。**
　また、探しやすくするという意味では、お店に来てくれた人を逃さないようにこっちも検索することを忘れません。メンションしてくれなくてもストーリーにお店に来たことをあげている子がいれば、それをスクショしてストーリーにあげるんです。すると、そこから来てくれるお客さんもいるんですよ。

若井 大変な作業ですね。atmosさんではプロモーションをInstagramやTikTokなどいろいろなSNSでやられていますが、その使い分けはどのようにされているのですか？

工藤 大きくInstagram、YouTube、TikTokがあり、それぞれの運用はPRの部署がやっているのですが、バイヤーから「今回はYouTube」「今回はIGTV」という感じでリクエストがあり、それに沿った戦略を考えます。ただ、私たちも本当にまだまだ模索中なので何が正解か分からないというのが本音です。

若井 SNSと購買との評価は、なかなか結びつきが見えにくいですからね。例えば、フォロワーが多いと言っても、それが売上に何％寄与しているのかなどは、定量的というより感覚的なものになってしまうと思うんです。atmosさんの中で、今の時点でそういう感覚はありますか？　もしくは、計測に関してトライしていることがあればお伺いしたいです。

工藤 TikTokに関してはまだ始めたばかりなので計測できていませんが、Instagramに関してはたまにインフィード広告を出しています。メーカーさんとのタイアップが多いのですが、多く発注しているアイテムに関しては広告をかけることが多いですね。ただ、広告を出しても、そのアイテムの単価以下に獲得単価を抑えるのは難しいですね。例えば、1万3,000円の靴を売るのに広告費が3万円かかったりしてしまい、すごく有効に使えているわけではないです。

若年層の行動特性はSNSを中心に決まる

若井 難しいですからね。広告以外で何か感じ取れるところがあれば いいですよね。例えば、お客さんが「これを見て来ました」と言って くれたり。そういうのって昔は雑誌が強かったと思うのですが、それ がWebやSNSに流れている感覚はありますか?

工藤 雑誌からの問い合わせはまだあるのですが、ほとんどが35歳 以上の方からなんです。うちでは結構ハイプ(希少性が高く、発売に 際して大きな盛り上がりを見せること)なスニーカーも取り扱ってい て、そういう靴に関しては若い子たちからの問い合わせもあるのです が、**雑誌からの問い合わせはほぼ100%と言っていいくらいアッパー 層になっています。**雑誌からの問い合わせというか、電話での問い合 わせはアッパー層と言えるかもしれません。SNSで問い合わせをし てくる子たちは絶対に電話してこないですから。

　あと、**若い子の場合は直接お店に来て問い合わせをしてくれる場合 もありますね。**「これ聖秋流ちゃんが着ていたものですよね」といっ た声をお店で聞きますが、そうした子たちは確実に雑誌ではなく TikTokなどSNSを見ていると思います。だから、プロモーション では雑誌モデルよりもインフルエンサーを起用する方が多くなってき ているんです。

若井 atmosさんでは、雑誌などのマス媒体とデジタルで、パワー の使い分けや予算のかけ方はどのように行っているのですか?

工藤　アイテムによって全然違うのですが、例えば、この靴は価格が高いからSNS広告を出してクリック数を稼ぐために知名度の高いタレントを起用しようとか、反対に、若い子たちに売れそうなアイテムの場合はTikTokクリエイターやYouTuberをキャスティングするとか。なので、毎回雑誌は何％でデジタルが何％というわけではなく、**そのアイテムの予算やターゲットに合わせてプランニングを変えています**。

雑誌を見る人が少なくなり先物買いがなくなった

若井　昔に比べて今はメディア媒体が増え、しかもそれぞれに異なる特色があると思いますが、それらを踏まえて今後どういうやり方が主流になると考えていますか？

工藤　難しい質問ではありますが、1つ例を出すと、昔に比べて先物買いがほとんどなくなったことが挙げられます。**季節を先取りして買うのではなく、ジャストバイというか今欲しいから買うみたいな**。昔は夏の前からサンダルが売れ始めたのですが、今は暑くなってから売れ始めるんです。

若井　それは面白いですね。

工藤　たぶん、それもみんなが見ているのが雑誌ではないからだと思うんです。**雑誌は春のうちから夏のアイテムを紹介していますが、今、みんなが見ているのはSNSで、そこで実際にインフルエンサーが履**

いているサンダルを見て、「私も欲しい」という流れになる。じゃあインフルエンサーに早めに履いてもらおうと思っても、あまり早すぎると広告の匂いがついて売れなくなるという難しさがあります。

若井 確かに雑誌は次のシーズンの特集をしていますよね。雑誌ではなくSNSを見るようになると購買がジャストバイになるというのは、目から鱗です。

工藤 今買えないとダメなんですよね。TikTokであの子が紹介していたものがかわいいからすぐ買いたいって、みんな探すわけじゃないですか。そういう点では、雑誌よりテレビはまだ強いですね。「めざましテレビ」の「イマドキ」などは今売っているアイテムを紹介していますから。ただ、テレビの反響を強く感じるのはやはりアッパー層だけです。

若井 面白いですね。そう考えると、広告を仕掛ける媒体ごとにターゲットが分かれているわけですね。

工藤 それはあります。あとは、**いかにブランドと親和性の高い人をキャスティングできるかも重要です。そのためにはいかにそうした子を見つけられるかが重要**なのですが、今は人気の子の入れ替わりが激しいので、企業側は常にアンテナを張り続けなければいけないと思います。

若井 親和性の高さを基準とすると、TikTokとかYouTubeといった媒体ごとの違いというのではなく、そのクリエイター自身がいかに

ブランドとマッチするかが重要なんですね。

工藤 そうですね。ただ、そこも私たちはまだ答えが見つけられていないんです。どういうときにTikTokがいいのか、どういうアイテムだとYouTubeの方が伸びるのか、答えがまだまだ出ていなくて、模索中という感じですね。

フォロワーの数よりエンゲージメントを見る

若井 ブランドと親和性の高い人をキャスティングするということですが、例えば、2人のインフルエンサーを起用するとき、同じTikTokで、フォロワー数も同じくらいで、時期のズレは多少あっても同じようなプロモーション内容の場合、それぞれで反響が違うケースもありますか?

工藤 はい、確実にありますね。

若井 その際に、起用したクリエイターのファン層やブランドとの親和性など分析されると思いますが、その上で差が出るのはどういった理由があると思いますか?

工藤 すでに多くの企業が気づいていることだと思いますが、**フォロワー数ではないというのは明確**ですね。私たちがブッキングするとき、今はフォロワー数をあまり見ないんです。もちろん多いに越したことはないですけど、**それよりも重要視しているのが、「いいね」数の比**

率ですね。フォロワーが1万人いるのに、1件の投稿につく「いいね」の数が平均500くらいしかなかったらブッキングしないと思います。

若井 いわゆるエンゲージメントというやつですね。その点、僕らTikTokと向き合っている身として難しいと感じているのが、TikTokはフォロワーが5,000人だとしても、100万回再生というケースもあるんです。Instagramなどはフォロワー数に対する「いいね」の数を見ればいいわけですけど、例えば、僕のTikTokアカウントでも、フォロワー5万人に対して「いいね」が6万くらいついてフォロワー数を超えてしまうことがあるんです。TikTokは「おすすめ」フィードがメインだからそうしたことが起こるのですが、InstagramのReelsもYouTubeのShortsも「おすすめ」がメインになったときにきっと同じ現象が起こると思って、そうなった場合、エンゲージメントの評価をどう正しく行えばよいのか、検討が必要だと思っているんです。

工藤 TikTokは本当に難しくて、うちのスタッフも1つの動画が10万回再生とかしているんですよ。フォロワーは1,000人くらいしかいないのに。**TikTokはいい意味で本当に測れないです。**結果的に、クリエイターを探すときは「おすすめ」から見ることが多いですね。

声優のアイドルを起用するとなぜモノが売れるのか

若井 工藤さんは、このレコメンドフィードについてどう感じられますか?

工藤 普段、プライベートでTikTokを見るときはあまり「おすすめ」を見ないのですが、インフルエンサーを探すときはここを見るようにしています。また、**プロモーションで実際にTikTokを使うとなったときは、「おすすめ」で直近のトレンドを確認して、どんな内容の動画にするかなどを考えています。**

若井 そうした場合、「おすすめ」とは言っても、あくまでも工藤さんに対するおすすめが出てくるわけじゃないですか。そこもマーケターとしては難しさがあると思っていて、たくさん見ているつもりでも気づいたら自分の興味に近い部分しか見ていないということも起こりうると思います。

工藤 確かにそれはありますね。AIがしっかり働きすぎて、自分の見ているものしか出てこない。Instagramが特にそうですよね。でも、TikTokに関しては、結構いろいろなものが出てくると思っています。それに、**表面だけを見るのではなく、深掘りすることも大事にしています。**

若井 深掘りするというのは、「おすすめ」フィードで気になった人がいたら、その人のほかの投稿を見るとかですか?

工藤 そうです。**深いところまで確認しないと「本当にブランドに合っている子なのか」どうかまでは分からないし、自分の好き嫌いが基準になってしまう懸念があります。**あとは、コメントを詳しく見て、その人の人気を測りますね。アンチコメントが多くないかなどコメントの質をよく見ているんです。

若井 逆に言えば、人気がある人はコメントの質がいいとか、共通点はありますか?

工藤 コメントを見ていると、「この子はファンに愛されているな」というのが分かってくるんです。

　なぜ、それを大事にしているかというと、やっぱり私たちは最終的にモノを売りたいので、そこにつなげるためにこれまで芸能人からモデル、アーティストまでいろいろな人を起用してきたわけですが、**どういう人が一番売れたかというと実は声優のアイドルだったんです。**彼女たちのファンはコアな人が多いんですね。芸能人やアーティストに比べるとフォロワー数は少ないのですが、**ファンとの結びつきが濃厚なんです。**芸能人やアーティストのフォロワーはたくさんいますけど、おそらくその中で本当のファンは少数だと思うんです。けれど、声優の場合は、フォロワーの大部分が熱狂的なファンで、めちゃくちゃその子のことが好きなんです。なので、声優のように、個性が際立っている人の方が、きっとコアなファンが多いような気がしています。

若井 そうなんですね。

工藤 それで、ファンの濃さを測るためにコメントを見るのですが、**「前の○○と一緒だね」とか、その子のことをよく知っているようなコメントなど、いつもその子のことを見ているのが分かるコメントをチェックしたりするんです。**逆に、「かわいい」とか「かっこいい」は誰にでも言えることなので、あまり見ないですね。コメントするって、それなりにハードルが高いと思うんですよ。「いいね」は気軽にできるけど、コメントはしないという人は多いような気がしていて、

その中できちんと文章でコメントが寄せられる人は、濃厚なファンを持っているように思います。

若井 そこに個性としての共通点はありますか？　例えば、ちょっと弱みを見せて共感が得られやすいとか、先ほど個性が際立っているとおっしゃいましたけど、その他には。

工藤 やっぱり**個性が際立っているというのが一番重要**だと思いますね。前に複数のアーティストを呼んでYouTubeでライブ配信を行ったのですが、その中で最も視聴者数が多かったのは、やっぱり個性が際立っているグループだったんです。その子たちは、ほかのアーティストに比べて特別かわいいわけでもないし、Instagramのフォロワー数も14万人くらいで格別に多いわけではないのですが、やっぱりコアなファンがついていたんですね。そういう点においても、やっぱりフォロワー数を追いかけるのではなく、コアなファンを持っている子をずっと探している感じですね。

自分をさらけ出しファンがそれを応援する構造

工藤 もう1つ、この前、ブランドとインフルエンサーの親和性が大事だと実感した出来事がありました。atmos pinkの競合であるX-girl（エックスガール）さんで反響の高かった子を起用したのですが、うちの場合は全然売れなかったんです。**たとえ競合のブランドであっても、起用するインフルエンサーを間違えると結果はまったく違うものになる。**

今のインフルエンサーは自分を出しすぎているから、ファンはその子が何を好きかを知っているわけじゃないですか。だから、以前もともとatmos pinkを好きな子を起用したときは、コメント欄に「atmos pinkさんとやっとコラボできてよかったね」とか来るんです。

**　いい意味でも悪い意味でも、プライベートをファンが全部知っていて応援してくれているから、逆に全然違う子を起用としてしまうと、すぐに広告だと思われて見向きもされなくなる。**だから、今は、私たちをメンションしてくれる子たちをすごく探しています。見つけたらリツイートするようにしていて、そうしたら向こうも喜んでくれるし、以後ブッキングしたときに効果が出やすくなるんです。

若井　インフルエンサーといってもいろいろな方がいますけど、Instagramのインフルエンサーは自分を出すより演じる傾向が強くて、TikTokは自分をさらけ出してファンをつけていますよね。

工藤　それはあると思います。Instagramはどれだけきれいで、いかに映えさせるかが重要ですけど、TikTokはそうじゃないですよね。

SNSがより力を持つ未来に向けて自社発信を強化

工藤　ファッション業界では、若い子が何を見て買い物をするのかといったインサイトを取るのが重要だと思うんです。でも、すごく難しい。今ではSNSで気軽に質問したり返したりできるので、それも活用しながらマーケティングプランを考えることが多いですね。

若井 だから、コメントをよく見られているんですね。

工藤 そうですね。コメントから分かることもありますし、「この子を使って欲しい」といったリクエストを受けることもあるんです。それで、ブッキングするときに、ファンからリクエストがあったことを伝えると喜んでくれるし、いい関係も築ける。そうしたコミュニケーションも大事にしています。

若井 TikTokなどのSNSを使ってのマーケティング戦略を伺ってきましたが、今後のSNSマーケティングの展望をお伺いできますか？

工藤 まだまだTikTokは伸びると思いますし、今からTikTokを始める人も増えてくると思うので、**今後ますます企業のマーケティングには欠かせないプラットフォーム**になってくると思います。ただ、弊社自体、TikTokをまだまだ活用しきれていなくて、企業としてうまく情報を発信できていない部分があるので、そこは取り組まなければいけない課題だと思っています。

若井 アパレル業界では他にもTikTokや割と新しい施策を始めた企業はあるのですか？

工藤 ありますね。あと、**コロナ禍になってからどのアパレルブランドもインスタライブに力を入れています**。もともとは広報の女の子たちが洋服を紹介するものだったのですが、今ではお店ごとにライブ配信などを行っているところが多いです。

若井　なるほど、これからは本当にライブも含めたいろいろなツールやSNSを使ってマーケティングを行わなければいけない時代になっていますね。

工藤　むしろ、**皆さんSNSしかやっていない**ですよね。昔は雑誌を見たり自分のところのカタログを作ったりすることに力を入れていましたけど、今は本当にSNSマーケティングに大きく力を割いている印象です。

若井　atmosさんはSNSのほかにも「atmos pink journal」という自社メディアにも力を入れていらっしゃいますし、最新の情報を発信しているatomsアプリも使いやすくて好きなんです。今日はいろいろなお話が伺えて嬉しかったです。ありがとうございました。

SHORTMOVIE
MARKETING

第 **5** 章

アカウント運用を
成功に導く秘訣

◉ SNS媒体の特性に合わせたブランドイメージ

　ここまでは「インフルエンサーをマーケティングにどう活用するか」という視点で紹介してきましたが、この章では、TikTokを企業の自社アカウント、または個人アカウントとして運用する際のポイントについて説明します。**個人情報保護法改正の観点からも自社発信の情報は今後ますます重要になってくるので、今から仕込んでおくことは非常に大切です。**

　SNSマーケティングが注目を集めるようになったきっかけの1つに、企業がSNSのアカウントを開設して成功を収めた事例があることが挙げられます。有名な例で言えば、株式会社タニタのTwitterが大きな話題を集めたことは、多くの人が知るところでしょう。タニタさんのTwitterは企業アカウントにもかかわらず、人間味溢れるツイートが多いことから企業の好感度を上げることに貢献しました。

　また、そのほかの例では、パイン株式会社さんが販売しているパインアメのTwitterアカウントは、パインアメを使って遊んだり、ほかの企業アカウントに積極的に絡んでいったりして話題を集めています。

　このように、**Twitterはテキストがベースのメディアなので、いかにテキストで人間味や共感を呼べるかが重要です。**

　一方、Instagramのアカウントを運用している企業も多く、こちらは、Twitterとは違い、おしゃれな世界観を創出してブランドイメージを向上させる運用が主流となっています。テキストではなく写真が

ベースのメディアですし、いろんなユーザーが写真を加工しておしゃれに見せているため、人間味を出すというよりは、**おしゃれな世界観や、洗練された世界観でブランドイメージを統一する方がメディアのニーズに応えられているのだと考えています。**

　では、TikTokでアカウントを運用するには、どういったコンテンツ内容が適しているのでしょうか。

　TikTokはショートムービーがベースのメディアですし、すでにコンテンツも非常に多様化しているため、自由な媒体と言えます。面白おかしくネタ動画を作って企業に親近感を抱いてもらったり、商品説明やハウツー動画を作って、商品の魅力を直接的に訴求したり、**テキストや写真という縛りがないので、より自由な構成で情報発信をすることが可能なのです。**

▶ 今まで以上に自社アカウントを大切に

　そもそも、自社でSNSアカウントを運用するメリットには、どのようなものがあるのでしょうか。

　SNSマーケティングの施策を考えたとき、各プラットフォームに広告を出稿したり、インフルエンサーを起用したりするには、当然ながらある程度のコストがかかります。しかし、**自社アカウントなら**——もちろんTORIHADAのような代理店に依頼することも一手ですが——**コストをかけずに手弁当でも行えるため、広告出稿する際ほどは費用対効果を考えずに自由に情報発信ができます。**

　さらにメリットはそれだけでなく、代表的なものは以下の5つです。

①広報・販促・ロイヤリティの向上につながる

②マーケティング・商品開発につながる

③採用につながる

④メディアビジネス化：ブランディング・広告販売

⑤ユーザーデータの蓄積

　まず、1つ目の「広報・販促・ロイヤリティの向上につながる」というのは、タニタさんやパインアメさんのように、SNSを介して認知度を上げ、自分たちのファンを獲得することで、ひいては商品の販促や企業のイメージアップにつながるということです。

　2つ目の「マーケティング・商品開発につながる」については、企業が発信した情報に対して消費者からコメントが寄せられるなど、インタラクティブなコミュニケーションが取れるため、例えば、新商品のカラーバリエーションをアンケートで決めたり、コメントの量や内容からマーケティング施策の成果を評価し、それを次の施策につなげたりできます。

　3つ目の「採用につながる」というのは、近年非常に増えている傾向ですが、自社アカウントのフォロワーを増やすということは、それだけ企業に愛着を持ってくれる人が増えたということですから、その人たちに向けて採用情報を発信することで採用における母集団を増やすことができます。

　これら3つは、すべて自社のビジネスにつなげるというメリットですが、4つ目の「メディアビジネス化」は少し趣が変わります。

　例えば、自社のSNSアカウントを1つのメディアと捉えることで、

そこでほかの企業の広告を掲載することで収益が挙げられるのです。仮に「東京グルメマップ」といったアカウントを作ったとして、SNS内でいろいろな飲食店を紹介していくのですが、そのフォーマットを活かして、飲食店から広告料をもらい、「#PR」と明記した上でそのお店を紹介するといった運用方法も考えられます。

　また、アカウントを作ったのも飲食店だとしたら、ユーザーの目にはいろいろな飲食店を取材して研究熱心な店との印象になり、結果としてお店のブランディングにもつながるでしょう。

　最後5つ目の「ユーザーデータの蓄積」は、前に触れた通り、フォロワーのデータを蓄積することで、SNS広告に活用することもできますし、ファンの構成要素やコメントを抽出することで次の施策につなげやすくなります。IDFAやcookieのサードパーティデータが使えなくなる今後は、より重要度を増すポイントと言えます。

▶ 先駆的な企業アカウントはこうしてビジネスにつなげた

　TikTokで自社アカウントを運用している企業はまだ少ないのですが、近年増加傾向にあり、その中でユニークなものをいくつか紹介しましょう。

　まず、タクシー会社の三和交通さん（@sanwakotsu）は、初期の頃から運用を始めていた企業アカウントで、タクシー会社でありながら、曲に合わせてダンスを踊るといった初期のTikTokならではの投稿を重ねて話題を集めました。

また、**最近の傾向としては、ただ踊るだけとか、面白いだけのコンテンツではなく、勉強になったり、新たな知識を得られるコンテンツを投稿する企業アカウントも増えています。**

　例えば、寿司職人を育成する教育ビジネスを行っている東京すしアカデミーさん（@tokyosushiacademy）のアカウントでは、授業で教えるテクニックや、定期的にプロの料理人を招いて印象店の経営ノウハウなどの講義を分かりやすく簡潔にまとめた動画を投稿しています。これにより、フォロワーに対して受講への関心を高めることに成功しています。

　また、マーケティング会社を経営している方や弁護士や税理士などの方が、それぞれの知識を活かして、見た人が勉強になるようなコンテンツを揃えて注目を集めています。

　その中でも面白いのが、アトム法律事務所の代表を務める岡野タケシさん（@takeshibengo）のアカウントで、世間で話題になっているニュースを弁護士という立場から説明するだけでなく、法廷ドラマや映画のありえない設定にツッコミを入れるユニークな動画もあります。士業の方々からすると、いかにビジネスを広げるかは口コミ重視でしたが、しっかりとブランディングを図り、広い潜在顧客にアプローチできていると感じます。

　ライブ配信も含めてTikTokアカウントをうまく活用している例では、焼鳥どんというお店（@higakiyakitori）は、コメディタッチのネタ動画で人気を集め、今ではフォロワー数が18万人を超え（2021年11月現在）、ライブ配信なども行ってお客さんとコミュニケーションを取ることで認知拡大やファンのエンゲージメント向上、お店への

集客につなげています。

▶ フォロワー0からでも見られるレコメンドフィードの 特性

無数にあるアカウントの中で自社アカウントに注目を集め、フォロワーを増やすには、いくつもの工夫を凝らさなければなりません。ですが再三申し上げている通り、TikTokはレコメンドフィードによってフォロワー外の人に投稿が届くという意味で他媒体よりもフォロワーが増やせる可能性の高い媒体です。

それはフォロワーが0でも必ず一定数の人には配信される仕組みになっているからです。「おすすめ」にどういったコンテンツが取り上げられるかは、AIを中心とする独自のアルゴリズムで決定されますが、**投稿したら必ず100人に届けられ、それを見た人の反応、「いいね」や完全視聴等のエンゲージメントによって、次は300人、500人、1,000人と配信される人数が雪だるま式に増えていくロジックになっています。**

もちろん、TikTokのアルゴリズムはオープンな情報ではないためあくまでも推測ですが、これまでに多くのTikTokクリエイターをサポートしてきた経験から、**特に視聴完了率によって配信数が増えるのは間違いない**と考えています。

さらに、アルゴリズム上、ユーザーはそれぞれの興味ごとにある程度グルーピングされていると考えられます。スポーツ好きの人とか、

料理好きな人とか、ダンスを見ている人など、複数のグルーピングがあり、それぞれのユーザーの特徴にマッチしたコンテンツが配信される仕組みになっています。

　ただ、極端な話、例えば料理系のコンテンツなら、配信数が100万回など、一定ボリュームを超えると、グループ内のすべてのユーザーに配信してしまう可能性も出てくるので、**より拡散力を高めるためには、今度は同じように興味を持ってもらえそうなグループ、料理系から始めたならダイエット料理に転じ、ダイエットに興味のあるグループなどに配信されるようにするなどの工夫が求められます。**

　また、雪だるま式に「おすすめ」への配信数が増えるということは、他SNSと比較するとリアルタイム性が薄くなります。

　仮に他のSNSであれば、「余暇時間にスマホを開いている人が多く、一番リーチが増える19時台に投稿しよう」というメソッドになりますが、TikTokでは少し意味合いが変わります。というのは投稿時間＝見られる時間ではないからです。投稿直後に100人に見られ、雪だるま式に「おすすめ」での配信が広がり、一番拡散された時間帯は投稿後8時間後だったということもあるのです。

　TikTokでは、「○時が一番リーチさせられるから」というより、「○時が一番エンゲージメントが高くなるから」といった視点で投稿タイミングを選び、初動のエンゲージメントを高めることが重要になります。

　また、TikTokにおけるカルチャーとして、「いちこめ」があります。一気に拡散してしまうTikTokで人気クリエイターの投稿に一番最初にコメントできることは非常に稀なことですし、根強いファンであることをクリエイターにアピールする手法になります。

それを踏まえれば、毎日同じ時間に投稿することで、「いちこめ」狙いのファンを巻き込んで初動のエンゲージメントを最大化し、雪だるま式に広がりやすくする工夫なども考えられます。

　このように、ショートムービー・プラットフォーム独自のアルゴリズムを把握することが、フォロワー数を増やす際に重要になってくるのです。
　つまり、フォロワーのつき方や再生回数の変動を見ながら、日々プラットフォームが変更を加えているであろうアルゴリズムの予測精度を高め、投稿コンテンツを軌道修正することで、継続的なフォロワーの獲得が見込めるようになります。**アカウント運用も広告同様、継続的にPDCAを回すことが重要**というわけです。

▶アカウントを成功に導く5つの必須ポイント

　TikTokはフォロワーを増やしやすいメディアと言えますが、そのためには、前提条件として、いかに「おすすめ」に取り上げてもらえるかという対策は講じなければいけません。また、レコメンドフィードならではの、フォロワーを増やすための工夫も必要です。

　まず兎にも角にも重要な大原則は、面白いコンテンツを創ることです。
　企業のブランディングや商品紹介のためといっても、一般的な広告のようなコンテンツでは基本的には見られません。あくまでもTikTokコンテンツのように見せ、興味を引く面白いコンテンツであることが

重要です。

　それを踏まえて、ショートムービー・プラットフォームでアカウントを伸ばすために重要なポイントを5つにまとめました。

1 ターゲットを明確にする

　まずは、SNS全般にも言えることですが、ターゲットを明確にすることが重要です。レコメンドフィードメインのTikTokでは特に重要になります。なぜなら、**フォロワー0の状態は、どんな人に刺さるコンテンツかまだアルゴリズム自体も評価できていないため**です。

　そのため、アルゴリズムが動画を見せていく人を決めるためにも、最初に「おすすめ」される100人にはいろいろなユーザーが含まれていると考えられます。そこで**しっかりターゲットを意識したコンテンツを作れる**と、一部のユーザーからの反応がよくなり、似たユーザーグループに動画を見せるべきだとアルゴリズムが判断でき、その後の「おすすめ」人数増加につながるのです。

　また、全員に面白がってもらえる投稿を初めから作れるなら最高ですが、他のユーザーや企業も当然ながら面白いコンテンツを作っている中では、全員に面白いと思われるコンテンツより、**一部の人に刺さる尖ったコンテンツの方が目立って反応を受けやすくなります**。

　まとめると、まずはターゲットを意識して、そのターゲットが一部の人であったとしても、**分かりやすく好きになってもらえるような特徴あるコンテンツを作り**、アルゴリズムに「おすすめ」に出すべきユー

ザーを限定してもらうことで、平均エンゲージメントが高まり、さらにレコメンドされやすくなっていくのです。

そして狙い通り視聴回数が伸びたら、最初のうちは、**アルゴリズムを混乱させないよう、似たようなコンテンツでしっかりとターゲットの反応を上げていく**ことを継続しましょう。そこでブレてコンテンツの嗜好が変わってしまうと、せっかくターゲットが限定されて「おすすめ」で見てもらえるユーザーグループが定まったのに、反応が悪くなり、視聴回数が下がってしまうリスクがあります。

例えば、飲食店紹介のアカウントを運用する際、初期の頃は、低価格で男性もお腹いっぱいになる食べ放題が楽しめるお店ばかり紹介していたのに、あるときから、客単価は高いけど、おしゃれな雰囲気で女性が優雅にランチが楽しめるお店を紹介するような路線変更はあまり得策とは言えません。

アルゴリズムとしては、初期の投稿内容の反応から、男性ユーザーに人気のあるコンテンツと認識して男性ユーザーの「おすすめ」に出しますが、急な路線変更で女性向けのコンテンツを作ったところで、いきなり女性ばかりに見られるようになるのではなく、引き続き男性ユーザーの「おすすめ」フィードに取り上げられてしまうからです。

その結果、やはり女性向けのコンテンツはあまり反応がよくなく、アルゴリズムが混乱して、どういった人の「おすすめ」にピックアップすればよいか迷ってしまい、「おすすめ」されにくくなることにつながりかねません。

重ねてになりますが、**決めたターゲットは一定期間ぶらすことなく一貫させる**。これは、マーケティングの基本でもありますが、やはりTikTokにおいても同じことが言えるのです。

2 ユーザーに連続視聴を促す

　次に、これは僕たちの経験則による仮説ですが、**アルゴリズムから
の評価で最も重視されるのは視聴完了率・連続視聴の多さ**だと考えて
います。どんなプラットフォームであっても、可能な限りユーザーを
自社のプラットフォーム内にとどめたいと考えるのは自然なことで、
視聴途中でつまらないと思って離脱されること嫌うと考えられます。
だからこそ、コンテンツの途中でユーザーが離れていってしまうもの
は優遇されにくいのです。事実、僕たちが運用するコンテンツでも、
完全視聴率の高いものは「おすすめ」に取り上げられやすいという印
象があります。

　連続視聴してもらうために企画が重要なのはもちろんですし、企画
で差別化するのが腕の見せどころではありますが、連続視聴を促すた
めに取り入れるべきテクニックもいくつかあります。

　まずは「**ジェットカット**」と呼ばれる手法です。

　これはYouTubeでもよく見られる手法ですが、**話しているとき
の息継ぎや繰り返しの部分をカットして、どんどん話が進んでいくよ
うな印象を与える編集を行う**ことです。テンポよく話が進んでいくの
で、ユーザーが途中で飽きることなく、最後まで視聴されるケースが
増えるのです。

　また、連続視聴を促すには、**極力コンテンツを短くする**ことです。
　例えば、何かを説明するとき、起承転結すべて話すのではなく、承
転結ないしは、転結のみに絞ることもときには重要です。普通なら「今

日は○○について説明します」といった前置きから始めた方が丁寧な印象を受けやすいのですが、連続視聴を促すためにはそうした前置き部分をカットしていきなり本題から入るテンポよい編集が有効なのです。

そのほかの連続視聴を促すテクニックについては、**あえてフェードアウトではなくぶつ切りで終わらせること**も**常套手段です**。フェードアウトでは、動画が終わることを予測させ、ユーザーに完全視聴前に次の動画に行かれてしまうからです。

また、**ループトランジション**と呼ばれる手法もあります。**これは動画の開始時と終了時をあえてわからなくし、連続再生していること自体を気づかせないようにする手法です。**

例えば、ペットボトルに大量の輪ゴムをくくりつけていき、いかにも破裂しそうな様子を動画で流します。しかし、実は単にペットボト

ループトランジション　例①：にっしー（@yoshi30244781481）

冒頭へ

輪ゴムを連続でとめていき、飲み物が噴き出す前に動画は冒頭に戻る。そのため、視聴者は気づかないうちに連続再生してしまう。

ループトランジション　例②：Dylan Lemay（@dylanlemay）

冒頭へ

アイスをワッフルではさみ、完成したと思ったらすぐに冒頭に戻るため次を作ろうとしているかのように見える。そのため、視聴者はどこで動画が終わったかがわからずに連続再生してしまう。

ルに輪ゴムをくくりつけているところを無限ループさせ、ユーザーは破裂するまで見ようと待機していますが、知らないうちに連続視聴をしているというわけです。

　このように連続視聴を促すにはアイデア次第でさまざまな方法が考えられますが、どのアイデアにしても「視聴者を1秒たりとも飽きさせない」のがポイントになっています。

3 投稿頻度を高くする

　レコメンドフィードに取り上げられるために大切なポイントの3つ目は、投稿頻度を高くすることです。

　テキストを打ち込むTwitterや写真を撮るInstagramに対して、

ショートムービーのTikTokは、どうしても制作時間がかかってしまいます。だからと言って、投稿頻度が低ければ、「おすすめ」で拡散されるための打席が少なくなります。当然、投稿頻度がある程度あった方がヒット本数は相対的に高まるはずです。

そこで、投稿頻度を担保することが有効になります。**そのための対策が、少ない制作時間で量産できるフォーマットを確立することです。**

逆に、TikTokを始めたばかりの人にありがちなのが、最初のコンテンツを凝りすぎてしまったことで、そのクオリティを維持するためにだんだんと制作時間が追いつかなくなり、結局は投稿をやめてしまったり、コンテンツのフォーマットを変えていることです。そうした失敗を避けるためにも、カジュアルに制作を続けられるフォーマットを考えてみるのも1つの手でしょう。

これから始める方は、ターゲットを決めて完全視聴されるような企画を考えることももちろんですが、**あえて編集や撮影時間も短く、手軽に気軽に始めることを意識してみてください。**

4 投稿へのエンゲージメントを上げる

4つ目の重要なポイントは、「いいね」やコメントといったエンゲージメントの高い投稿を行うこと。これは、ユーザーの共感を得やすいコンテンツを作ることが大事ですが、TikTokならではのコメントを集めるテクニックもあります。

例えば、「絶対に〇〇してはいけない5選」といったタイトルの動画で第5位から発表していくのですが、**第1位は動画内で発表せず、コメント欄に書いておき、コメント欄に誘導します**。このテクニックを用いることでコメント欄を見せることができ、自然にコメント数の増加につながります。

　なおかつ、TikTokのコメント欄ではコメントへのエンゲージメント順に上位表示されますが、フォローしているユーザーのコメントはそれを無視して上位表示される仕組みになっており、第1位を書き込んだ投稿者のコメントを探しやすくするため、視聴者にフォローを促せるというわけです。ただし、ユーザーにとっては少し煩わしい手法のため、使うタイミング等は気をつける必要があるでしょう。

　また、ブチギレ氏原さん（@ujiharagongoal）というクリエイターが用いているフォーマットも、コメントを集めやすいテクニックの1つと言えます。

　彼は、**いろいろなことに対してキレるという投稿をしていたのですが、最後はその対象に対して愛情が感じられるような一言で締める**ことで人気を博しています。そして、今は、ユーザーから寄せられたコメントに対して、キレながらも愛情を伝える投稿を行っています。

　TikTokには、コメントをスタンプのように動画に埋め込む機能があり、それを活用することで、ユーザーは自分のコメントを取り上げてもらいたいと思って、たくさんのコメントを送ることになります。

　さらには、ラジオのハガキ職人のようにネタコメントも多数寄せられるようになり、たくさんのコメントを集めながら、ネタコメントによってコンテンツをより面白くできるインタラクティブで優れた

フォーマットと言えるでしょう。

コメント機能

| コメントをタップ。 | 赤枠の「動画で返信」ボタンをタップ。 | コメントがスタンプとして使える。 |

これを繰り返していくと、コメントを軸にフォロワーとのコミュニケーションが図れる。取り上げてもらえることで、フォロワーのコメント意欲も向上する

5 コンテンツに統一感を持たせる

最後のポイントは、フォロワーを増やすために重要なことです。それは、**コンテンツに統一感を持たせて、ユーザーに「見たことある」と思わせること**。

TikTokは、「おすすめ」でいろいろな動画を流し見する仕組みのため、〝誰の〟投稿なのかを意図的には見ていない設計になっています。投稿主を意識するよりも、コンテンツ自体が面白いかそうでない

かによって、そのまま見るか次にスワイプするかが決められるのです。そのため、一度見られただけではフォローにつながりにくいという側面もあります。

　実際、非常にクオリティの高い動画を制作しているクリエイターが、ある動画で1,000万回再生を超えても一向にフォロワーが増えないことがありました。それは、**動画のクオリティはすごいけど、誰が作っているかまではユーザーの関心をひけなかったからです。**

　でも、そのクリエイターは別の動画を投稿したとき、一気にフォロワーが増えました。それは、**世界観を統一した上で、内容を少し変化させる動画を繰り返し投稿した**のです。そうすることで、多くのユーザーが「あれ、こういう動画前にも見たことがある」と感じ、誰が作っているのかということに興味を抱き、プロフィールページに誘導され、フォロー意欲をかきたてられたのです。

　別の例では、とある女性クリエイターがTikTokを始めた頃、フォロワーが伸び悩んでいました。その理由は、世界観が統一されておらず、縦型動画と横型動画が混在して、おすすめフィードで見た人がひと目で彼女だと認識することが難しい状況だったからです。

　そこで、彼女が福岡出身で博多弁を使えることから、「**寝る前にひと言**」**というフォーマットでかわいらしいことを博多弁で一言つぶやくコンテンツを継続投稿する**ようアドバイスさせていただき、テキストフォントやクリエイターの顔の位置まで統一感を増やす工夫を実践したところ、3,000人程度だったフォロワーが数カ月で一気に10万人近くに増えました。ファンが増えてからは自由にさまざまな投稿を行いながら、今では100万人に近いフォロワーを抱えています。

たったそれだけのことで……と言われそうな工夫ですが、「フォローしている人を見ているのではなく、『おすすめ』を見ている」というレコメンドフィードのユーザー特性を踏まえると非常に重要なことなのです。

　また、**ユーザーに同一アカウントだと既視感を持たせるためには、最初の数秒が特に重要です。**
　YouTubeの場合、ユーザーに動画を見てもらうためにサムネイルを凝る必要がありますが、TikTokは「おすすめ」フィードで自動再生されるため、サムネイルはさほど重要ではありません。それよりも大事なのは、最初の数秒でどれだけインパクトを与えられるか。しかも、そこで世界観をある程度統一し、ユーザーにすぐに「過去に見た投稿と同一アカウントの投稿だ」と認識させる方が重要になるのです。

　また、「おすすめ」でどんなにに統一感があっても、接触頻度が低ければ記憶に残りません。その意味でも、「**3　投稿頻度を高くする**」は重要なポイントというわけです。

　TikTokは「おすすめ」で見る人が多いため、再生数にフォロワー数は他プラットフォームほどは関係ないと説明しましたが、レコメンドフィードのアルゴリズムには、フォローしている人の「おすすめ」に取り上げられやすいというものもあると体感しています。その点において、これらの世界観を統一してフォロワーを増やすことも、より多くの人の「おすすめ」に取り上げられるための重要なポイントの1つに数えられるでしょう。

以上、ここで紹介した5つのポイントは、企業アカウントと個人ア カウントのどちらにも当てはまるテクニックです。

▶トレンドを先取りするために必要な心構え

　何も知識を持たずにTikTokアカウントの運用を始めてしまうと、 中には、とりあえず音楽に合わせて踊ればTikTokっぽくなると考え てしまう人がいるかもしれません。ですが、それはもう3年前のトレ ンドで、今はアルゴリズム的にもそうしたコンテンツは取り上げられ にくくなっています。

　むしろ、今はオチのあるエンタメコンテンツや、**見た人のためにな る教養系のコンテンツ**が伸びており、**それらの路線を狙った方がいい** でしょう。古いトレンドに固執しないよう、しっかりとプラットフォー ムをウォッチしておくが重要です。

　さらに、TikTokでアカウントを運用する上で大切なのは、トレン ドを先取りすることです。このトレンドとは、TikTok内のトレンド だと思いがちですが、実はそうではなく、もっと広い視野で世間のト レンドとイコールと考えていただいて問題ありません。

　その理由は、TikTok内のトレンドは移り変わりが激しく、注目を 集めているハッシュタグが2〜3日もするとガラッと変わることも少 なくないからです。そのため、TikTok内のトレンドだけを追いかけ ると、いつの間にか遅れているように見られてしまうことがあります。 そこにこだわるのではなく、むしろ**世間のトレンドに敏感になる方が TikTokでトレンドを先取りできるケース**につながります。

化粧品メーカーが女性会社員に向けてファンデーションの広告を TikTokで出稿するとしましょう。単に商品説明をするのでなく、「**コロナ禍によって女性会社員の美容意識がどう変わったのか**」という世間でも注目されやすい切り口をいち早く実践してみる。すると、これまでにどこかで見たことのあるような広告よりも、ユーザーにとっては新鮮な情報に映り、きっと反応もよくなるはずです。

　広告コンテンツを制作するときも、新鮮な切り口や、その企業ならではの個性を出すことは非常に有効です。とはいえ、インターネットの世界に多くの広告が溢れている現代では、各分野のファーストペンギン的な存在は出尽くしています。これから個性を創出するには、掛け算をする必要があります。

　そのため、例えば料理系の広告コンテンツなら、料理×ダイエットや、料理×キャンプ、はたまた料理×セクシー（実際にYouTubeで一定の男性にはウケているフォーマットです）、料理×感染予防といったように、世間のトレンド、一般的な嗜好傾向、特徴・強み、他業界のニュースなどを発信したい内容に掛け算することで、他の広告コンテンツでは見られない、独自のコンテンツを作ることができます。裏を返せば、企業の単純な発信で視聴者に興味を持ってもらうことはどんどん難しくなるでしょう。

▶ 動画業界のペリー来航で今後の動画コンテンツは二極化する

　実はもう1つ、今後のコンテンツメーカーが意識しなければならな

いことがあります。

　それは、先述した**ひろゆきさんが始めた「切り抜き」文化**が、**AbemaTVなどの企業が運営するPGC（プロフェッショナルジェネレイテッドコンテンツ）にも広がっている**ということです。AbemaTVにユーザーを流すために始めたと考えられますが、従来のテレビも本来すべき行動だと僕は思います。

　そうなると、動画プラットフォームには、非常にハイクオリティなコンテンツが黒船のように増殖することになるでしょう。

　では、カジュアルな動画は伸びなくなり、インフルエンサーや映像のプロではない企業はファンが獲得できなくなるのでしょうか？

　いいえ、そうではありません。
　今後の勝てるコンテンツは結論として、

・**プロが作る圧倒的なクオリティの動画**
・**ストーリーが強いカジュアルな動画**

　の二極性が非常に強くなっていくでしょう。

　テレビ局はテレビという媒体を超え、面白いハイクオリティなコンテンツを作り、流通させる商社として、オムニチャネルに展開していくようになります。最早テレビ局ではなく〝情報商事〟のように名前を変える日も来るのではないでしょうか。
　そんな世界の中では、インフルエンサーやマーケティング利用する企業は**チームを抱えてテレビと同じようにコンテンツのクオリティで**

勝負するか、自分のストーリーで勝負するかという戦いになります。

　そのストーリーは先述の通り、テレビコンテンツ同様、マルチメディアで発信されていきます。

　メディアの垣根が薄れることで、インフルエンサーたちは、最早インスタグラマーのようにメディアの名前を冠する存在ではなくなり、〝クリエイター〟として認知されていくようになるのです。

▶ 個人も企業も「ストーリーで戦う」

「ストーリーで戦う」戦略はクリエイターの人生をドキュメンタリーとして魅せる感覚になります。

　そのうえで、Taiverdes（タイ・ヴェルデス、@taiverdes）さんとVictoria Paris（ヴィクトリア・パリス、@victoriaparis）さんは非常に参考になるクリエイターです。2人とも、自分の生活の一部を細かく切り取っています。

　Taiverdesさんはアーティストとしてチャレンジする様子から、実際に成功して仕事の上司に退職意向を告げる様子まで発信されています。また、定期的にサマリー動画を配信することで、新たにファンになった人でもストーリーにキャッチアップできるように工夫しています。

　Victoria Parisさんは、洋服を選ぶ様子からお出かけまで、非常にカジュアルかつ高頻度に投稿しています。「プライバシーはどこへ

行った？」という感じですが、このトレンドはソーシャルネットワークの歴史を見ても納得できます。

　そもそもソーシャルネットワークの歴史は、虚構またはニックネームから始まり、実名→写真→動画といったように、パーソナルな部分を公開していく過程が見て取れます。人間は根源的に承認欲求が非常に強く、その結果としてよりパーソナルな面を公開していくという流れになったと僕は考えています。

　今は、個人に限らず企業も、ストーリーを公開する時代です。

　ストーリーで戦うということは、共感が得られるキャラクターや努力の工程を設計し、それを細かく実行して（見せて）いくことです。
　そして、その際に忘れてはいけないのが、**ファンがそれらを追体験できる配慮も大事**だということです。

　それは言い換えれば、**ファンとのインタラクティブな人生を歩む覚悟**と言ってもいいでしょう。なぜなら、ファンのニーズに応え、ファンに背中を押され、ときには批判も受けながら、人生や企業の選択をしていくことになるからです。
　ファンとの共有の過程で、自分の人生の境界線が曖昧になるため、リスクや怖いという感情を持ってしまいがちですが、**今後人気になるソーシャルスターたちやデジタルを上手く活用する企業は、それが当然になる**と予想しています。
　これは従来のタレントやテレビCMを売っていた企業もそうではあったのですが、テレビ以上に視聴者との双方向性が強いソーシャル

ネットワークならではの加速度的な変化だと考えています。

　ちなみに、17LIVE（ワンセブンライブ）などのライブ配信プラットフォームでは、ファンが新たに来た視聴者に向けて、次のような感じでクリエイターの紹介をしたりしています。
「えーすけさんはじめまして、○○ちゃんは、23歳のママで夢に向けて頑張っています。ぜひ応援してくださいね！」

　17LIVEの例や切り抜きのように、**エヴァンジェリスト的なファンを作り、コメントのキュレーションやストーリーのキャッチアップ、マルチメディア化に巻き込んでいくリーダーシップが今後のクリエイターや企業には求められる**ようになるでしょう。

第 5 章 の ま と め

・TikTokでは縛りが少ないため自由に情報を発信することがで
　きる

・自社でSNSアカウントを運用するのには5つのメリットがある

・TikTokアカウントを運用してビジネスにつなげている企業が
　ある

・「おすすめ」フィードに出やすくなるには、「ターゲットを明確
　にすること」「ユーザーの連続視聴」「投稿頻度」「エンゲージ
　メント」「投稿の統一感」の5つがポポイント

・世間の流行を追いながらTikTokに反映させるのがコツ

・コンテンツはプロフェッショナル化とストーリー化が進む

・ストーリーで戦うために、ファンを活動にいかに巻き込むかが
　重要になっていく

SHORTMOVIE
MARKETING

フォロワー0人から
アカウントが急成長！

対談：ハウスダスト×若井映亮
（TikTokクリエイター）

新しくアカウントを立ち上げて、果たしてフォロワーは本当に増えるのか？　その課題は数々のクリエイターが越えてきました。美容系の動画で人気のハウスダスト（@tamukun_36）もその1人。普通の会社員だった彼女は、いかにしてフォロワー51万人の大人気TikTokクリエイターとなったのか。フォロワーを増やす秘訣に迫ります。

フォロワー0人でも6,000「いいね」がつくのがTikTok

若井　ハウスダストちゃん（以下、ダストちゃん）は、どんなきっかけでTikTokを始めたの？

ハウスダスト　もともと普通に会社員として働いていたのですが、会社でいろいろとゴタゴタがあって休職することになったんです。そうしたら人との関わりがまったくなくなって、そのとき住んでいた会社の寮から外に出ることなく、ネットで誰かと喋ることもなかったので、家族以外とは全然話さない日が続きました。

　そんなとき、ちょうどTikTokが爆発的に流行っていたので興味本位でダウンロードしたら面白くて、その日のうちに投稿してみたら、それがいきなり伸びて今につながっています。

若井　最初に始めるにあたってTikTokの印象はどうだった？

ハウスダスト　めちゃめちゃ始めやすいと思ったんですよ。例えばYouTubeはヒカキンさんをはじめ有名な人がいっぱいいるじゃないですか。私がTikTokを始めた頃もYouTubeはすでにそんな状態だっ

たんですけど、TikTokは見たことのない子がいっぱいいたんですね。しかも、一般の子ばかりで私にもできると思ったんです。

　あと、**TikTokは必ず最初に何人かに見られるシステムになっているから、それに助けられた部分は大きいと思います。**だって、こんな得体の知れない女の子が音楽に合わせて口パクで踊っただけで、絶対に自分でもそんなに回るわけないと思っていたのに、「いいね」数がいきなり6,000くらいついたんです。

若井　フォロワー0人だったのに、それだけ「いいね」がつくのはすごいよね。最初の投稿が2019年7月だから、もう2年くらいやっているんだ。

ハウスダスト　めちゃくちゃ懐かしい、超覚えています。今、私は美容をやっていますけど、その頃は本当に踊っている子ばかりでしたよね。PPP STUDIOに所属するようになって美容系を勧められてやったんですけど、実はその頃は美容系のクリエイターが少なくて大丈夫かなって思ったんですけど、**フルメイクの動画を1本あげてみたら比べものにならないくらいバズって、**こんな一般人のメイクでも需要があるんだって驚いたんです。

若井　ちょうどその頃、事務所でも広告案件を取りに行く動きをしていて、コスメ系と相性がいいと思っていたんだよね。それでダストちゃんがメイク好きって聞いたから勧めたんだけど。

ハウスダスト　そうですね。最初の頃は本当にただの趣味だったんですけれど、今ではとにかく**美容のことならダストちゃんのTikTokを**

見ればなんでも分かるって言われるくらいの情報とか動画を流せたらいいなって思っています。それは、はっきりと意識していて、みんなにも公言しています。

伸びる動画のポイントは短さとインパクト

若井 ダストちゃんの投稿を見ると、数十万「いいね」がついたり、相当再生が回っている投稿もあれば、比較的回っていない投稿もあると思うんだけど、どういう投稿が伸びやすいとか傾向はある?

ハウスダスト 今は圧倒的に短くてインパクトのある投稿が伸びますね。短いから見られやすいというのは当たり前ですけど、1人で何回も見てくれたりするから。でも、それを意識して広告案件でもできるだけ短くして絶対に最後まで見てもらえるようにします。それで、あとはインパクトをつけてコメントを残してもらえるように意識していますね。

若井 インパクトをつけるって、どういう工夫をしているの?

ハウスダスト ビフォーアフター系は伸びる傾向にあります。たまに「もとの顔がいいから」と書かれたりするんですけど、ビフォーアフターで違いが出せれば納得してもらえるんですよね。ただ、すっぴんとメイク後のギャップだけだと反応がイマイチのときもあるので、**一言二言ですが豆知識みたいな情報を加えるようにもしています。**

若井　ためになる情報だね。逆に伸びると思っていたけど伸びなかったとか、失敗例はある？

ハウスダスト　伸びづらいのはやっぱりPRとか広告案件で、短くしてうまくインパクトを残せるといいのですが、あからさまにPRして自分らしさがなかったものはやはり伸び悩みますね。けれど、通常の投稿であれば、比較的伸びていると思います。

若井　マスクの動画すごかったね。150万「いいね」とかされていない？

ハウスダスト　はい、海外の方も見てくれて。ただ、あれって衝動的にあげた投稿なんですよ。何日も載せようと思っていた商品は案外バズらなくて、マスクのように、日常生活で当たり前にやっているこ

とを衝動的にあげたものがいきなりバズって。だから、めっちゃめちゃ頭を使って考えるのがバカらしくなるときもあります（笑）。

若井　企画にすごく時間をかけるより、感性とか直感的に作る方がいいのかもしれないね。

近年増え始めるショートムービーの横のつながり

若井　ところで、ダストちゃんはYouTubeやInstagramもやっているけど、Reelsにはあまり載せていないよね。それは、何か意図してのことなの？

ハウスダスト　いや、単純にReelsが流行っている時期に乗り遅れちゃっただけなんですよ。私の知り合いのインフルエンサーさんに3〜4カ月でフォロワーを5,000人くらい増やした人がいて、私もやらなきゃと思いつつタイミングを逃したというか……。
　私、自分の中ではTikTokからInstagramにフォロワーを流すのが得意な方だと思っていて、前に半年間でInstagramのフォロワーを5万人くらい増やしたことがあるんです。でも、そのときはTikTokを頑張っていた時期だから、別にReelsに力を入れる必要はないのかなって思って、そうしているうちにインフルエンサーさんの中でReelsでそんなにフォロワーが伸びないという声を聞いて完全に止まっちゃった感じですね。もちろん、やった方がいいのは十分に分かっているんですけど。

若井 僕も「わかパパ」でTikTokをやっているけど、ちょっと面倒だよね。伸びるやつは伸びるけど、伸びないのは本当に伸びないし。

ハウスダスト あ、前に言っていましたね。**TikTokで伸びた動画がReelsでも伸びる**って。それを見たとき、すごく共感しました。実際、Reelsの最初にあげたのがマスクの動画で、それはすごく再生されたんです。けど、それ以外が伸びなくなってしまって、そしたらやっぱり面白くなくなるじゃないですか。

若井 確かに。Shortsはやっていないの？

ハウスダスト ほとんどできていないです。なかなか時間を作るのが難しくて、誰かを雇ってやってもらおうかなって考えたりするくらいなんです。こういう考えというか、誰かにお金を払って私の代わりに何かをしてもらうことを身につけたのは、TikTokを始めてからなんです。自分以外でもできることは人におまかせするって、これがなんか小さな企業みたいで、自分でもすごく成長したなって思っているんです。

若井 それはもう起業家だよ！　単純にすごいし、大学に行かなくても大切なことはTikTokから学んだって感じだね（笑）。

人気になると必ず現れるアンチコメント対処法

若井 TikTokを始めて生活は変わった？

ハウスダスト　めちゃくちゃ変わりましたね。私なんかよりすごい人がたくさんいますが、でも**私もTikTokドリームを摑んだうちの1人**だと思っています。

　まず、自分が一人暮らしできているっていうのが信じられないんです。会社員だった頃、田舎だったから寮の家賃がすごく安かったんですよ。そうした暮らしから抜け出せないといつも思っていたし、自分で家賃を払って一人暮らしするなんで当時の私では想像もできなかったですね。それがTikTokを始めたことで、たった1年で人生がガラッと変わって、今はちゃんと一人暮らしをして、貯金もしているし（笑）。

若井　でも、ここまで来るのは順風満帆だった？

ハウスダスト　今思えば順風満帆でしたね。よく質問とかで「戻りたい時期はありますか？」と聞かれるのですが、戻りたい時期がないくらい今が幸せっていつも答えているんです。本当に、今はずっと幸せで楽しくて、これから先もそうあり続けたいという目標があります。

若井　フォロワーが増えたことで状況が変わったことはある？

ハウスダスト　そうですね、たくさんのコメントをしていただくようになって、ただ、それに比例して心ないコメントも増えてしまいましたね。たまにパクリって言われることがあるんですよ。たぶん、私がネットのどこかで見たいい商品が頭のどこかに入っていて、それをお店で見つけたとき、流行っているから使ってみようかなって思って、それを動画にすると「パクリ」と言われたり、どちらかというとナチュラルメイクではなく、地雷メイクっぽくするので、それで叩かれたり

することもありますけど、でも、ほかのインフルエンサーさんに比べたら少ないような気はします。

若井　そういうコメントは気にしないようにしているの？

ハウスダスト　よく「アンチはつきもの」って言われていますけど、それをクリエイターさんが言うのはいいのですが、アンチコメントをするリスナーさんがそれを言うのは違うかなって思いますね。
　自分の名前を隠してアンチコメントするのはずるいですよね。ただ、そういう人たちって私たちと一緒で、目立ちたいっていう願望があるのかなって思います。だから、**コメントを見たとき、自分にダイレクトに受け取るのではなく、こういうコメントをほかでもしているのかなって思いながら見ている**ので、あまり落ち込むことがないのかもしれないですね。

フォロワーが伸び悩んでも安易に踊ってはいけない

若井　そうやって自分の中で整理しているんだね。ちなみに、今後はどのように活動したいというのはあるの？

ハウスダスト　TikTokは今まで通りですね。美容系のクリエイターは増えましたけど、やっぱり、ダンスをして文字を入れている人の方が増えているので、私は美容を続けたいですね。なんか美容系の人って、再生回数とかが伸び悩み出すと踊り始めるんですよ。

若井 わかる。やっぱり大変だし、自分のかわいさで勝負したくなるんじゃないかな。

ハウスダスト ですよね、確かに。超分かるんですけど、大変だし、そのわりに数十秒で書かれたアンチコメントで叩きのめされちゃうのもすごく分かるんですけど、でも、このチャンネルは美容と思ってフォローしてくれているのに急に踊り出したら、美容の需要が……という感じじゃないですか。だから私はそうならないようにしたいと思っているんです。

若井 徹底して美容系の投稿をしているもんね。じゃあ、これからTikTokを始めたい人にアドバイスするとしたら、美容系はおすすめのジャンル？

ハウスダスト 個人的にはおすすめですね。なんか、ダンス系って、すでになえなのちゃん（@naenano）とか、すごい人がいっぱいいるじゃないですか。ダンスならこの人、というのが。でも、美容系はまだそこまでいないんですよね、例えばやみちゃん（@ayami_yamichan）とかくらいしか。**美容系はそうした人になれるチャンスがあるジャンル**だと思います。私みたいに普通の会社員だった人でも美容で伸ばすことができたから、結局、TikTok全体として美容の需要があるんだと思います。だから、正直言って、私じゃなくて誰でもいいのかもしれない。

若井 それは違うと思うけど（笑）。

TikTokとYouTubeを効率よく橋渡しさせるには

若井　今後の展開という意味で、TikTok以外の活動はどう考えているの?

ハウスダスト　YouTubeはまだまだ発展途上で、まだまだやれることがいっぱいあるので力を入れていきたいですね。基本的には、**TikTokのネタをそのまま長い動画にするイメージ**で、目標としては登録者数を50万人までは伸ばしたいですね。そうしたら、YouTubeでも一人前になれるかなと思って。

若井　10万人に行くまで半年くらい?　すごいよね。普通だったらYouTubeだけで10万人に到達するのにかなりの年月が必要だと思うけど。もちろん、TikTokのファンをYouTubeに流せているからだと思うけど、それでもYouTubeという違うコンテンツでそれだけ集められるのはダストちゃんの頑張りがすごいんだと思う。意識していることはあるの?

ハウスダスト　やっぱり、**人と同じことを言っていると浅いって思われてしまうので、一言一言気をつけていますね**。例えば、ライブ配信で動画に載せたことがある内容を聞かれたとき、「動画を見てください」という一言で済ませてしまう人もいると思いますが、私は、全部、その場で答えるようにするんです。それで、「実は動画でも投稿していて、そこでも同じことを言っているから」と言うと、「今すぐ見てきます」とか、「すぐに保存します」って子が多いんです。
　だから、ほかのインフルエンサーさんとちょっと言い方を変えると

か、こちらがひと手間加えるだけで「忙しいはずなのに、私のために時間を使ってくれた」と言ってくれる子が多くて、そのお返しに「でも、今私のために時間を使ってくれているよね」と言ったりと**ファンとコミュニケーションを取ることで濃いファンが増えていきます**。そうやって分母が徐々に増えることで、きっと、もっと応援したいと考えてくれるファンも増えるのかなって思うんです。

若井　確かに、普通は「続きはYouTubeで」とか、「YouTubeにフル尺があるよ」ってやりがちだよね。でも、ダストちゃんの場合、**TikTokで一話完結というか、それだけで成立しているコンテンツ**だもんね。なのに、多くのファンがYouTubeにも行っているというのは、やっぱりファンとのコミュニケーションを丁寧にしているからなのかな。

ハウスダスト　ファンもみんな分かっていますよね。もちろん、最初は私も「続きはYouTubeで」とした方がファンを誘導できると思っていましたし、誰もがその方法を選択するのは当然だと思います。でも、ファンからしたら、やっぱり誘導されているのがバレバレだと思うんですよ。だから、私みたいに**TikTokはTikTokだけで完結させた方が、結局は好感度が上がる**のだと思います。

若井　ハウスダストちゃんの好感度はファン思いのハウスダストちゃんだからってのが一番大きいんだね！
　今回はいろいろ聞けてとても参考になったし、ハウスダストちゃんの努力や考えを知れてなおさら好きになりました！　引き続き活躍を応援しています！

SHORTMOVIE
MARKETING

第 **6** 章

ショートムービーが
もたらす未来

▶ ショートムービーはどんな未来をもたらすのか

　これまで、個人情報保護法の改正によりマーケティングの仕方が変わるため、ファーストパーティデータを得るためにも自社発信のSNSが大切で、中でも成長率が著しくまだブルーオーシャンのTikTokをはじめとしたショートムービーに力を入れることの大切さを紹介してきました。

　読者の皆様もまずは本書を参考にショートムービー・マーケティングを始めてみて、どのような結果が導き出せるのかを感じていただければと思っています。

　さて、最後となる本章では少し意匠を変え、成長途上のショートムービーがどのような未来を形作っていくのか、僕なりに予測してみたいと思います。

　TikTokをはじめとするショートムービー市場でずっとビジネスをしてきたからこそ、見えることや予測できることを中心にお伝えできたらと思います。

　大きく分けて次の6つの変化が起こりうると考えています。

1「認知」メディアの価値の向上とレコメンドフィードの波及
2 外部経済圏との連携が加速
　・採用：TikTokレジュメ
　・EC：ShopifyやBASEとの連携
　・その他：食べログやファンクラブとの連携

3 個人経済圏の加速

4 ライブコマースや仮想通貨・NFTなど周辺領域の盛り上がり
　へ加担

5 オンラインイベントのさらなる発展

6 メタバース（仮想世界）の橋渡しになる

では、1つ1つ見ていきましょう。

▶「検索」から「すべてがおすすめされる」世界へ

　まず、1つ目は第1章で説明した通りですが、大きな変化になると
予測されるため、要約的にあえて再度言及したいと思います。

・個人情報保護の観点からIDFAやcookieの仕様が変わりサードパー
　ティデータがマーケティングに活用できなくなることで、ファース
　トパーティデータを蓄積できるオウンドメディアや自社SNSの重
　要性がさらに高まる。

・SNS、TikTokやYouTubeなどの動画プラットフォーム、VOD（ビ
　デオ・オン・デマンド）人気が続き、リアルタイム視聴から録画視
　聴や見逃し配信が増えることでテレビCMの影響力が低下。それに
　伴いTikTokのような受動的で「認知」ファネルにアプローチでき
　るメディアの価値が上昇する。

・よい点ばかりで飾られた一方的な広告をユーザーが忌避し、ありの

ままのオーセンティックな情報へ回帰され、嘘のない生の情報の発信者が参考にされる。

これらの要因により、TikTokをはじめとするショートムービー・プラットフォームと、そこで活躍するクリエイターの価値がさらに上がっていくでしょう。

本書でTikTokの素晴らしい革命はレコメンドフィードにあったと説明しましたが、Instagramもレコメンドフィードを検証していたり、YouTubeもレコメンドフィード型のショートムービー・プラットフォームであるShortsをリリースしています。
その意味では、**「検索する・選ぶ」のがユーザーのメインの体験だった時代から、「すべてがおすすめされる」世界が来る可能性があります。**

事実、「EC×レコメンドフィード」のSHEIN（シーイン）というアプリは米国でAmazonを抜き、ショッピングカテゴリで最もダウンロードされたアプリになりました。
Tinder（ティンダー）に代表される人気のマッチングアプリも、すでに結婚相談所での仲介やマッチングアプリ内のサービス内検索から、アプリによるレコメンドがメインのユーザー体験になっています。

スマートフォンのホーム画面すら「おすすめ」メインのレコメンドフィードになって、スワイプしていくだけで持ち主の最適な行動を情報面でサポートするようになるかもしれません。
なおさら、ショートムービー・プラットフォームでレコメンドフィードの知見や攻略法を得ているクリエイターや企業がチャンスを摑むこ

とになるのです。

▶ 外部経済圏との連携が潜在的なニーズを持った
ユーザー層の情報源に

　現在TikTokから外部経済圏にリンクさせる方法は限られています。プロフィール欄、投稿につけられる「食べログ」「Wikipedia」です。

　今後、2つ目の変化として、TikTokにさまざまなリンクをつけられるようになることで、外部経済圏との連携が加速し新たな情報接点が生まれていくことが考えられます。

　これにより、ショートムービーメディアが、**ニーズ顕在層アプローチ型メディアを代替または補完していく**でしょう。

　例えば、採用系のメディアにおいて、転職意向度の高い層は、あくまでも知っている企業名で検索をかけたり、知っている企業の情報を好んで取っているのが実態です。または、引っ越しのための物件探しや旅行先の検討についても、ある程度の引っ越し先のイメージや旅行先の候補を前提に、その顕在化された地名で検索をかけて、検討をしています。

　逆に言えば、潜在的なニーズを持ったユーザーに情報をプッシュ型で届けるメディア・役割を担っている媒体もテレビがメインであり、一部Webメディアも訴求力の少ないテキストや静止画で訴求している状態です。

　そこにショートムービー・プラットフォームが役立ちます。テキストや静止画と比較して、**動画ならではの情報密度の濃さがありますし、**

何よりも受動的な態度の潜在ニーズを持ったユーザーに「おすすめ」という形で情報をプッシュできます。まさに、ニーズ顕在層アプローチ型メディアを補完していますし、設計次第では代替していくことになるでしょう。

▶人事や採用に「動画」が使われる画期的な試み

そうした動きの1つとして、現在アメリカで「TikTokレジュメ」という新たな機能がトライアルされています。これは、企業が欲しい人材の情報を発信し、それに応える形で応募者がショートムービーで自己紹介動画を作成して投稿するというものです。

このシステムによる企業側のメリットとしては、今まで履歴書に書かれた文面と写真のみで人となりを判断しなければいけなかったのに対し、**動画ではテキストや写真だけでは伝わらない生身の情報を受け取ることができます**。応募者側にとっても、例えば語学がどのくらい堪能かなど、文字情報だけでは伝えきれなかった自分の長所をより具体的に示せるようになります。

また、TikTokレジュメがどのような機能になっていくのか（そもそも検証で終わってしまうのか）はまだ分かりませんが、仮にレコメンドフィードへの投稿や拡散も何かしらで絡んだ場合（例えば、TikTokレジュメの募集投稿がレコメンドされやすいなどのアルゴリズムを入れる等）、その企業を知らなかった人にまで、つまり**潜在ニーズを持ったユーザーたちにまで情報が届く**ことになります。

こうしたシステムが一般化することで、これまでテキストと写真ベースで顕在ニーズ層中心にやりとりしていた採用活動が、劇的に変化するのではないでしょうか。「履歴書や写真を見てよいと思ったけれど実際のイメージが違った」というのは採用においてありがちなケースです。そうした認識のズレをこのシステムが改善し、より失敗のない採用につなげることが可能になります。

　これまで転職エージェントが専売特許的に担ってきた社会的機能を、ショートムービー・プラットフォームが果たす可能性があるのです。

● ECサイトと連携し「動画」が購入のきっかけになる

　さらに、TikTokWorld2021（https://vimeo.com/showcase/8879250）で、とても大きな発表がありました。

　TikTokとECプラットフォームのShopify（ショッピファイ）やBASE（ベイス）などのECサービスとの連携をはじめとするTikTok Shoppingです。日本ではまずShopifyとBASEの管理画面からTikTok広告を出稿できる連携が発表されましたが、世界ではTikTokの投稿からそれぞれのプラットフォームに促すなど、より深い取り組みも始まっています。

　中国のDouyinでは現在、自社が運営しているECサービスとの連携をすでに行っていますが、投稿にECリンクがつけられようになることで、購買にさらなる影響を持つことは容易に想像できます。日本においてもそうなれば、TikTokは、EC事業者にとって見逃せない重要なチャネルになるのは間違いないでしょう。

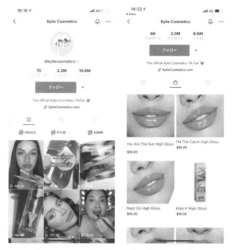

投稿にリンクがつけられる
ようになる。

プロフィールにもアイテムリストが表示できる。

出典：TechTokyoJapan

　先にファーストパーティデータの蓄積のために企業がオウンドメディアを運用することが重要だと説明しましたが、ショートムービーで商品を紹介することが一般化すれば、**将来的には企業ごとではなく、ブランドごと、プロダクトごとにショートムービーメディアのアカウントが求められるようになっていく**でしょう。

　実際、中国では、LOUIS VUITTON（ルイ・ヴィトン）などのラグジュアリーブランドがDouyinアカウントを運用しており、そこでいろいろなブランドコミュニケーションを発信しています。そうした動きが、きっと近いうちに日本で見られるようになり、**そのショートムービーアカウントとECサービスが連携することで、アカウント**

が小売の一大チャネルになるのです。

　そのほか、「食べログ」のリンクをTikTokの投稿にリンクすることがすでに可能になっています。これによりショートムービーの飲食店レビューが増えていくでしょう。これも**位置情報やジャンルで検索されていた飲食業界が潜在層にプッシュ型でアプローチできるという大きな変化になる**はずです。

　さらに、位置情報のリンクがつけられるようになれば、旅行レビューがショートムービーで行えるようになるなど、「TikTokに何かしらのリンクがつけられる」ということ1つで、多岐にわたる大きな可能性が広がっていきます。

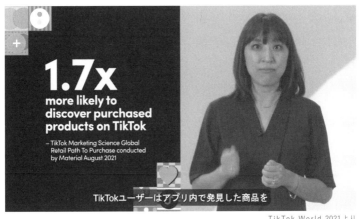

TikTok World 2021より

TikTokユーザーはアプリ内で発見した商品を、競合他社と比較して1.7倍近い確率で購入している。

▶ クリエイターエコノミーの加速

3つ目の変化としては、個人経済圏の加速も考えられます。

現在、YouTubeなどのライブ配信メディアでは、スーパーチャット（通称スパチャ）と言われる投げ銭システムが実装されていて、ライブ配信中に視聴者から投げ銭をもらうことで直接金銭的な利益を得ることができます。

TikTokにも2021年1月に「TikTok Live Gifting」と呼ばれる同様の投げ銭システムが実装され、初めてタイアップ広告以外でマネタイズできる仕組みが出来上がりました。ユーザーがあらかじめコインを購入し、ライブ配信時にそのコインで課金用ギフトを選び、それをクリエイターに渡す仕組みになっています。

今、世界的にトライアルされているのはこれの応用版で、ライブ配信だけでなく、日々の「投稿」にもギフティングできるシステムです。Twitterでは2021年9月に投稿者にチップをあげられる「チップ」

Video Gifts

の提供を始めました。TikTokでも、Video Giftsとしてテストが始まっています。

　現在は1つ1つの投稿には「いいね」や「コメント」がつけられ、その数などが投稿の反響の指標でありファンとの交流源でしたが、**その投稿に投げ銭という利益を得られるシステムが加われば、今よりももっと個人の趣味や興味を武器にメディアで情報を発信して収益を挙げたいと考える人が増える**と予想できます。

　再三ショートムービークリエイターの価値が上がっていくことをお話ししてきましたが、クリエイターのマネタイズの手段が増えると、「To Cクリエイター」という道が生まれます。

　これまでは、マネタイズのために「To B」つまり企業の広告案件を狙ってクリエイター活動をしなければなりませんでした。そのため、広告案件を取るためのフォーマットやターゲット・エンゲージメントに向き合わなければなりませんでした。

　これからは、「To C」つまり**ユーザーからの投げ銭やグッズの直接販売を通じてマネタイズできる**手段が広がりました。「To C」に向けてクリエイター活動を行うクリエイターにとっては、企業案件を獲得するためにクライアントを大切にするより、今まで以上にファンとのつながりを重視するようになります。

　そのため、クリエイターとタイアップしたい企業は、それなりの覚悟、つまり**クリエイター自身のフォーマット・観点でコラボレーションをする気概を持たなければタイアップは難しくなっていく**でしょう。

　このように、クリエイターを代表する個人の力が相対的にどんどん

強まっていくことで、まさに個人の時代、クリエイターエコノミーの時代になると言えます。

　ただし、個人の時代に合ったインフラが整っているかと言えば、ま

クリエイターエコノミー

クリエイターエコノミーの市場規模

クリエイターエコノミーへの投資額

出典：cbinsights.com

2020年から急激な成長を遂げており、クリエイター
エコノミー関連企業の調達額も急成長している

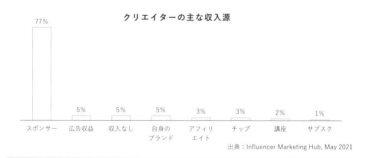

クリエイターの主な収入源

出典：Influencer Marketing Hub, May 2021

一方でクリエイターの収入源は
以前としてスポンサーに依存している

だまだです。例えば、年収で見ると大きな稼ぎを作っているクリエイ
ターでも、成長過程で収入が不安定であれば、既存の金融システムで
は社会的に信頼評価されることは難しく、家の賃貸契約ができなかっ
たり、ローンが組めないといった課題があります。

　数ある課題に対し、新たな信用指標で個人を守ったり、支援する手
法が強く求められていきます。各SNSにおいて、フォロワー数が大
きな人から新しい機能がトライアル解放されていくように、貯金や安
定的な収益ではない指標で評価される社会が広がっていくでしょう。

▶ ライブコマースが加速する

　4つ目として、「外部経済圏との連携」と少し重複する部分がある
のですが、ライブコマースなどの周辺領域の盛り上がりに加担するこ
とになるでしょう。

　そもそもライブコマースとは、ライブ配信とECサービスを組み合
わせた販売形態のことで、YouTubeなどでライブ配信をしながら、
その配信中に商品を勧めたり、お店への来店を促すことを言います。
これは**商品などを購入してくれるファンに直接コミュニケーションで
きる**メリットがあります。
　現在、このライブコマースが中国で非常に大きなマーケットになっ
ていますが、そこまでの存在に至ったのは次の3つの理由が語られる
ことが一般的です。

１つ目は、日本と違って中国ではさまざまな商品で粗悪品がはびこっていたこと。

　日本では考えられないことですが、僕が10年前に上海をはじめとする中国の数カ所に旅行した際、路面店で水を買うときに、すでに開封されていないかしっかりと確認するようにアドバイスされたことがありました。もちろん、今ではだいぶ改善されていますが、そうした粗悪品が多かったため、KOL（Key Opinion Leader）をはじめとする信用のおける人のお墨付きを得られることが、商品購入においてとても重要だったのです。

　２つ目の理由は、国土の広さです。

　これは単純な話で、日本では家の近所にコンビニをはじめとしたさまざまなショップが揃っていますが、国土の広い中国では、地域によってはコンビニやお店に行くにも数時間といった場所もたくさんあります。そのため、そもそもEC転換率が非常に高かったのです。

　そして、３つ目の理由が、ショートムービーアプリが大規模な国民のインフラになっていることです。すでに国民に根付いていたインフラでライブコマースが行われたことが、ライブコマースという文化自体を後押ししたと考えています。

　ショートムービー人気の高まりによって、こうした中国の流れと同じような動きが日本でも起こってくるのではないかと予想されます。

　日本には上述の３つの理由が当てはまらず、そもそも浸透しづらい状況でした。また、これまで日本がとってきたライブコマースへのアプローチは、各社がさまざまなライブコマースアプリを開発し、それ

をユーザーにダウンロードしてもらう形が一般的であり、すでにFacebookやInstagramなどのSNSをダウンロードしている人に新たなアプリを使ってもらうには、それなりのハードルがありました。

しかし、中国のように、**すでに大きなインフラになっているInstagram（Reels）やTikTokでライブコマース機能が拡充されれば、その中でライブコマースを行うことが常態化し、この文化が爆発的に広まるのではないか**と考えています。

● TikTokの「ポケット」が将来、仮想通貨ウォレットのような役割を担う

また、仮想通貨に関してですが、TikTokには「ポケット」というTikTok内のコインを一時預けておくデジタル財布のようなシステムが存在します。そこに溜まったコインはPayPal（オンライン決済サービス）で出金できるというフローになっているため、すでに仮想通貨的なものが実装されています。

ただ、ブロックチェーンが実装されているわけではないため、厳密に言えば「ポケット」は仮想通貨というよりも今はポイント的な立ち位置ですが、すでに発表しているNFT（Non-Fungible Token：非代替性トークン）への参入を皮切りに、ブロックチェーンを結びつけてくる可能性はあると考えています※。

実際、世界のショートムービー・プラットフォームの中にはすでに、仮想通貨で支払いを行えたり、収益を得られるプラットフォームが登場しています。それが今後ライブコマースと組み合わされれば、仮想

通貨で消費が行われることとなり、今まで投機的な意味合いが強くてなかなか使われなかった仮想通貨の使い道が1つ増えることにつながります。もちろん量を限定することで投機的な意味合いを残し、現在の仮想通貨と同じように、使わずに保有しておくという選択肢も残るでしょう。

※TikTokは、ブロックチェーンのエネルギー問題を回避するために、イーサリアムのレイヤー2スケーリングソリューションであるImmutable X（イミュータブル・エックス）を活用した専用サイトにNFTを置いているため、直接的なポケットの連携はまだされていません。

また元来、動画プラットフォームとブロックチェーンの相性はとてもいいはずです。「ニコニコ動画」はコンテンツIDを軸に、さまざまな形で二次創作されるコンテンツをトラッキングしました。

例えば、オリジナルコンテンツを出したAさんを見て、歌だけ真似して歌ってみた動画をBさんが出したとします。**そこで生まれた収益がコンテンツIDで紐付いたAさんの動画にも一部還元される**のです。

これはNFTの思想に非常に近いものとなっています。NFTはブロックチェーン技術で所有履歴や購入者情報などを記録し、唯一性を担保するデジタルデータです。今、物理的な実態のないデジタルアートや仮想通貨ゲームに使うキャラクターがNFTとして売買されています。

NFT取引の面白いところの一つは、**二次流通においても、販売者にレベニューシェアされるところです**。今までで言えば、例えばアーティストが絵を描いて売り、それがセカンダリー市場で高額で売買されていたとしても、販売者のアーティストには最初の売上しか入りません。しかし、NFTで売れば販売履歴が残るため、二次流通以降の

取引についても販売者が利益を得ることができるようになります。

そして今、ショートムービープラットフォームでも、memeという形で、自分のオリジナリティを加えて、二次創作・拡散文化が盛り上がっています。ここにNFTがしっかりワークすれば、memeを生み出したクリエイターに何かしらの利益が還元する世界になってもおかしくありません。memeの初期の投稿やパイオニアという立場がNFTとして売買されるようになるかもしれません。

それらのことを考慮すると、今後はショートムービー・プラットフォームがライブコマースやNFTなどの周辺領域の盛り上がりに加担する存在になりうることはご理解いただけると思います。

▶ 利益を正しく分配するオンラインイベントの可能性

5つ目の変化は、オンラインイベントの発展です。現在、新型コロナウイルスの影響もあり、オンラインイベントが急激に増えている状況で、その中にはVR（仮想現実）でよりリアルにライブ体験ができるようなものも登場しており、まさに現在、急速に進化を遂げているコンテンツと言えます。

オンラインイベントの中心は、なんといっても歌い手などのクリエイターです。今、多くのオンラインイベントは、アーティスト自身またはマネージメント会社がライブ配信でチケットぴあやZAIKO（https://zaiko.io/）といったチケット販売プラットフォームを使用し、販売したチケットの収益がライブ配信実行者に入るシステムと

なっています。

　また、17LIVEなどのライブ配信プラットフォームにおいても自分のアカウントでオンラインライブを行った場合、そこでもらえた投げ銭による収益は、ライブ配信をしたその人のものとなります。

　そうした中で無料カラオケアプリの「ポケカラ」が始めたサービスが画期的でした。これは**歌い手ではなく、オーガナイザーとしてオンラインライブを運営した人にも収益が分配される**機能です。

　従来のオンラインライブのシステムでは、インフルエンサーとして人気があっても、歌が得意だったりとか何か表現ができなければオンラインライブを開催するのは難しい側面がありました。

　しかし、この機能を活用すれば、歌は歌えなくてもトークで視聴者を楽しませる自信があったら、歌が歌えるアーティストを呼んで、自分はMCとしてオンラインライブが開催できるようになります。まさにテレビの音楽番組の制作会社やMCが稼げるのと同様の状況になります。

　そのときに問題になるのが、オンラインライブに送られた投げ銭の収益がどこに入るかではないでしょうか。

　従来のシステムであれば、ライブの主催者に収益が入り、それをアーティストの人と分配していたため、アーティストの人にしてみれば、自分で配信を行った方が投げ銭を自分で受け取ることができるから損した気分になってしまうかもしれません。

　しかし、「ポケカラ」の機能を使えば、アーティストへの投げ銭はそのままの定率でアーティストが受け取ることができます。そして、

MCを務めた人には、プラットフォームから別途収益が支払われるのです。

　つまり、投げ銭による収益を100として、例えば、配信者とプラットフォームで50ずつ分配する場合、このシステムを使うと、アーティストには本来自分でライブ配信を行ったとして受け取れるはずの50がそのまま渡り、残りの50をMCとプラットフォーム側で分配する仕組みとなっています。

　この機能の最大のメリットは、アーティストとMCがwin-winの関係になれることです。アーティストは自分で配信するのと変わらない収益を挙げながら、人気インフルエンサーの人脈を使って1人で配信するより多くの視聴者を望むことができます。アーティストが複数参加すれば、自分のファン以外の人への認知拡大や投げ銭も起こりうるので、メリットが大きいと言えるでしょう。

　また、MC側としても、集客できる自信はあっても自分で歌えないからオンラインライブを開催することができずにいたのを、アーティストとコラボすることでライブが開催できるだけでなく、その収益も稼げるというメリットがあるのです。

　つまり、**これまで以上に自分のスキルを使って何かに挑戦できる土壌が整う**と言えるでしょう。

　同様のサービスは、TikTokでもいずれ実装されると予測しています。それが実現したら、きっと今よりももっといろいろな種類のオンラインライブが生まれるのではないでしょうか。

▶ 何度か盛り上がりを見せるメタバースは定着するのか

　そして、最後の6つ目の変化は、メタバース（仮想世界）の浸透です。

　現在、TikTokをはじめとするショートムービー・プラットフォームでは、撮影した人物を好きなように加工できるアプリがどんどん進化しています。スマートフォンに搭載されている空間情報を認識するセンサーが発展を遂げたことで、そのセンサーを活用したフィルターが開発され、TikTokであれば、スマートフォンが顔の位置や、目や口の位置を自動的に検知し、リアルタイムで目を大きくしたり、顎を細くしたりすることができます。

　さらには、顔や体の一部だけを加工するのではなく、アバターのようにまったくの別人に変わることも可能です。

　また、三次元の空間としてしっかり認識することができるので、地面が割れてその下に落ちていくようなエフェクトを加えたり、空中にUFOを飛ばしたり、背景に水槽の中を泳ぐ魚を表示せて、あたかも自分が水族館の中にいるようにすることもできるようになっています。

　このような**フィルターの進化を突き詰めた先には、メタバースへの導線になる**と考えています。

　現在、Meta（旧Facebook）などさまざまな企業で「メタバース」というキーワードのもと、仮想空間のコミュニティーを新たな生活空間として盛り上げようという動きがあります。

また、仮想空間での生活は、FORTNITE（フォートナイト）のようなFPS（First Person Shooter）アプリの流行によって、身近になりつつあります。

　僕個人の考えとしても、これは止まらない流れだと考えています。その１つの要因は物理的な移動や身支度のコストの問題です。

　長い期間で見ると、新型コロナウイルス禍が落ち着いたとしても、**移動のコストが相対的に高くなっていると感じる人が増える**と予測しています。それは、４Ｇから５Ｇへと通信速度が高速化され、ＺｏｏｍやＶＲでのコミュニケーションが可能になっている中で、長い時間を使って物理的に移動する必要があるのかという意識を持つ人がきっと増えるでしょう。
　さらに、エネルギーの効率利用の観点でも、大きなエネルギーを消費してしまう物理的な移動コストは当然少ない方がエコなわけです。
　また、そもそも移動がなければ、現実世界で洋服やアクセサリーを持つ必要はどこまであるのでしょうか？

　それらの背景と、メタバースを生活空間にするという流れは当然の流れに思えています。

　これまでに仮想空間での生活が盛り上がるタイミングが何度かありましたが、そのとき問題になったのが、仮想空間でのお金や物件、不動産がどのように評価されるのかという点です。
　実際、2003年にサービスが開始されたＳｅｃｏｎｄＬｉｆｅ（セカンドライフ）は一時期大きな盛り上がりを見せたものの、やはり仮想世界内

での資産と現実世界のリアルマネーの関係性がうまく整理できなかったことから、ブームはすぐに下火になってしまいました。

しかし、現在はブロックチェーン技術により、堅牢性(けんろう)の高い形で、仮想空間内での資産や、仮想通貨の所有が証明できるようになり、その問題点はクリアできつつあると言えます。

ただ、メタバースが浸透するにはまだまだたくさんの問題があり、例えばメタバース世界でそもそも気に入ったビジュアルを手に入れられるか、メタバース間で統一されたビジュアルなどメタバースで自分のアイデンティティを持っていられるか、そもそも仮想世界に対する心理的なハードルは薄まるのか、などといった課題はまだ残っています。

▶ すでにメタバース的なアプリは広がっている

とはいえ、先述した「フォートナイト」をはじめとするオンラインゲーム上で普通に友達とコミュニケーションを取り、仮想世界に対するアレルギーが少なくなってきている人が急増しています。

また、「フォートナイト」では、従来のソーシャルゲームのように能力やスキル・武器などに課金するのではなく、洋服や靴などのビジュアルに課金する仕組みになっています。つまり、**メタバースにおけるアパレル企業である**と言ってもいいでしょう。すでにその売上規模と、バレンシアガとのコラボなどを見ても、世界を代表するアパレル企業と言えます。

これは、**まさにメタバースでの自分らしさをユーザーがビジュアルで表現しようとした結果**と言えるのではないでしょうか。

他にもさまざまなメタバースが誕生しています。

例えば、ANA（全日本空輸株式会社）がメタバースで新しい旅行体験を提供する新会社として、ANA NEO株式会社を設立し、そこではバーチャル旅行だけでなく、巨大なショッピングモールを有する仮想都市を構築する計画が進んでいます。

そのようにさまざまなメタバースが生まれると、例えばフォートナイトではこういうキャラクター、ANAメタバースではこういうキャラクターといったように、個人はさまざまなアイデンティティを持つことになります。

そこで各メタバースは、いかにシームレスに世界を横断できるか、アイデンティティの共通化を競争戦略の中に取り入れてくることを検討するでしょう。つまり、フォートナイトでも、ANAメタバースでも同じキャラクター・アイデンティティで存在できるといった形です。そのために、表情や顔などアイデンティティの基礎になりうるデジタルデータの唯一性・希少性の証明やアクセサリーや靴などのデジタルアイテムの所有証明をNFTが担うことになるはずです。強いプレイヤーほど協力せず独自路線でいくはずですが、第一想起を取れなかったプラットフォームほど連携を図っていくと予想しています。

その連携相手として、TikTokのように日常から触れられるショートムービーアプリは、格好のパートナーになる可能性があります。

先述のように、ショートムービー・プラットフォーム上にNFTによって証明されたユーザーごとに所有されるエフェクト（自分の顔からデ

フォルメされたフォートナイト風の顔）や、著作権が認められた memeが成立している前提にはなりますが、メタバースのプレイヤーは、ユーザーがシームレスにそのメタバースに入れるような連携を希望するはずです。

　ショートムービーアプリですでによく使っていた顔やmemeをメタバースに持ち込めるとなれば、そのプラットフォームがユーザーから優遇されるのは当然と言えるでしょう。

　もちろん、これは他の5つの予測に比べて、近い将来に実現することではないかもしれません。ですが、**パソコンがイラストやマインスイーパのような遊びから浸透していったように、新しいテクノロジーは必ず遊びから浸透していきます。**フォートナイトのようなFPSゲームと同様、TikTokのフィルターのようなちょっとしたバーチャルリアリティ体験も、気づけばメタバースへの入り口になっている可能性は否定できません。

　以上、ショートムービーアプリの流行によって起きうるいろいろな可能性を見てきました。

　仮説だらけの章ではありましたが、新しいプラットフォームやテクノロジーが生まれたとき、短期的なトレンドや若者の専売特許だと決めつけるのではなく、さまざまな視点から活用を模索し、早い段階から取り組むことによって、チャンスが広がるのは間違いないでしょう。

第 6 章 の ま と め

・今後はショートムービークリエイターの価値が上がり、レコメンドフィードをメインに据えるサービスが増えてくる

・TikTokにリンクが付けられるようになり、企業の採用で活用されたりECサイトで動画が使用されたりと外部経済圏との連携が強まる

・今後は「投稿」にも投げ銭できるシステムが組み込まれる可能性があり、よりいっそうメディア発信する個人が増え、個人のインフラの拡充が社会課題になる

・中国で流行っているように日本でもライブコマースが加速する

・TikTok「ポケット」やmemeが今後、仮想通貨やNFTに発展する可能性がある

・表現者でなくてもオーガナイザーとしてオンラインイベントを開催できる

・TikTokのフィルターがメタバースの広がりに貢献する

おわりに

　最近、ありがたいことに、前職（サイバーエージェント）時代の同僚が会社にジョインしてくれました。彼と僕との間では、ショートムービー・マーケティングのこれからの盛り上がりに、ある種の強い自信があります。

　なぜなら、僕たちは前職時代にダイナミックリターゲティングというマーケティング手法の盛り上がりに居合わせたことがあり、そのときの盛り上がり前夜の状況と今の向き合っているレコメンドフィードを中心とする新しいプラットフォームの攻略市場、つまりショートムービー・マーケティングの状況が非常に似ているためです。

・まだ効果に気づいているプレイヤーが少なく、効果的な手法も確立していないこと

・とは言え、プレイヤーが一気に増えてきていること

・データやプラットフォームに関するレギュレーションに変化がある前後だったこと

　このあたりに既視感があります。

　ダイナミックリターゲティングのときを振り返れば、僕たちが担当

していたプロダクトの単月売上は数年で20倍になりました。

　そのときの勢いを感じる身として、ショートムービー・マーケティングやその関連市場がどのくらいの市場規模になっていくのか、心から楽しみなところです。

　とは言え、「はじめに」でも書いた通り、黎明期の市場のため、これからの施策の改善や模索は必須でしょう。

　本書をお読みくださった皆様、プラットフォーマーの皆様、パートナーの皆様、広告主様と一緒に、引き続き新しい打ち手や勝ちパターンを模索していけましたら幸いです。

　最後に、人生初めての書籍出版になりましたが、さまざまな方々にご協力いただきました。

　そもそも、TORIHADAを創業したばかりで僕が売上を立てるのに困っていた頃、DJ時代に憧れの先輩でもあったスターミュージック・エンタテインメントの渡邊祐平社長にコンサルという体で受け入れたいただいたことが全ての始まりでした。それからDJ時代からの親友だった同社の中村裕太とTikTokマーケティング事業を共同事業として始め、今に至りました。

　スターミュージックの皆さんに見ていただかなければ今はありませんでした。そのため、最初に感謝を伝えたいと思います。いつも本当にありがとうございます。自社を除いたら一番大好きで尊敬する会社です。これからもぜひ一緒にショートムービーマーケットとナイトタイムエコノミーを盛り上げさせてください。

そして、今回の出版に賛同いただいたKADOKAWAの金子拓也さん、執筆にあたり拙い僕の考えをきれいにまとめてくださったライターの前田和之さん、かっこいいブックデザインをしていただいた菊池祐さん、分かりやすいイラストで読みやすくしてくださった伊澤美花さんにお礼申し上げます。

　また、インタビューに前向きに応じてくださったatmosの工藤朱里さん、人気TikTokクリエイターのハウスダストちゃん、事例協力くださった企業の皆様、お忙しい中、ご協力ありがとうございました。

　次に、今回の出版を推し進めてくれたPPP STUDIOのリーダーである辻井敬太さん、事例の整理に協力してくれたTORIHADAの営業マネージャーの卯木研也さんと原田直道さんをはじめとするTORIHADA/PPP STUDIOの皆さんに感謝を伝えたいと思います。未熟で迷惑ばかりかけている僕と一緒に、日々新しい市場を開拓してくれて本当にありがとうございます。また、どんなときでも味方でいてくれて背中を押してくれる株式会社TORIHADAの社長である大社武さんとCFOの上田広宣さんには最大の感謝をしています。

　僕たちのような小さなベンチャー企業には、引き続きいろいろな困難が待ち構えていると思いますが、このメンバーなら乗り越えて、素晴らしい会社を創れると信じています。

　そして読者の皆様、数あるマーケティング書籍の中からこの本をお読みいただき、本当にありがとうございました。市場の流れは非常に速く、追いつくのに大変ですが、協力し合って面白い仕掛けをしてい

けたら幸いです。

　最後に、いつも応援してくれる家族や友人のおかげで、日々楽しく努力できています。
　いつも本当にありがとうございます。これからも仲良く楽しい家族・友達でいさせてください！

　2021年11月

若井映亮

参考（Podcast）

bytes（https://open.spotify.com/show/2yTOz5AheSLMZLnHJDXAJz）
OffTopic（https://open.spotify.com/show/2vQEUz4VUnLcl7vuqSBgJp）

若井映亮（わかい・えいすけ）
1989年、東京都生まれ。慶應義塾大学在学中にDJとしてキャリアを
スタート。大学卒業後、サイバーエージェントに入社し、アドテク事
業の責任者を経験。2017年10月にTORIHADAを取締役COOとして共
同創業。創業初期よりTikTokやショートムービーの日本での広がり
に可能性を感じ、TikTokでインフルエンサーマーケティング事業を
推進する。2020年4月には、TikTok公認MCNのPPP STUDIOを設立。
2021年12月現在、200名のショートムービークリエイターを抱える日
本最大規模のクリエイター事務所としてクリエイターマネージメント
を行う。自身もフォロワー5万人を超えるクリエイターの1人として、
ショートムービー・プラットフォームを活用している。

ブックデザイン	菊池 祐（lilac）
ライティング	前田和之
イラスト	伊澤美花
ＤＴＰ	エヴリ・シンク
校正	山崎春江
企画協力	TORIHADA/PPP STUDIO
編集	金子拓也

ショートムービー・マーケティング
TikTokが変えた打ち手の新常識

2021年12月22日　初版発行

著者／若井　映亮

発行者／青柳　昌行

発行／株式会社KADOKAWA
〒102-8177　東京都千代田区富士見2-13-3
電話 0570-002-301（ナビダイヤル）

印刷所／大日本印刷株式会社

●お問い合わせ
https://www.kadokawa.co.jp/（「お問い合わせ」へお進みください）
※内容によっては、お答えできない場合があります。
※サポートは日本国内のみとさせていただきます。
※Japanese text only

定価はカバーに表示してあります。